Chronique des idées d'aujourd'hui

RECHERCHES POLITIQUES

Collection dirigée par

Xavier Browaeys, Olivier Duhamel
Jean-Luc Parodi, Evelyne Pisier, Henri Weber

Jean-Michel Besnier et Jean-Paul Thomas

Chronique
des idées d'aujourd'hui

Eloge de la volonté

Presses Universitaires de France

ISBN 2 13 039889 8
ISSN 0290 3377

Dépôt légal — 1re édition : 1987, février
© Presses Universitaires de France, 1987
108, boulevard Saint-Germain, 75006 Paris

Sommaire

Avant-propos

Depuis deux siècles, la démocratie est en travail. L'accouchement est long et difficile. Contractions et temps morts se succèdent, sages-femmes et experts se relaient au chevet de la parturiente. Ces derniers temps, il n'est plus question de recourir aux forceps... En Languedoc, jusqu'au siècle dernier, les villageoises mettaient sur le ventre de la femme en travail le bonnet de son mari. Lui, vaquait à ses affaires, sa présence symbolique étant assurée. Ou bien, comme en Béarn, allongé, il simulait les douleurs de son épouse, il communiait au déroulement de la naissance, félicitait dans l'effusion. Symbole encore : démocratie indirecte ou participatrice, l'essentiel s'opère sans nous, que nous envoyions nos représentants faire de la représentation ou que nous mimions la geste du social. Affaire de matrones et de chirurgiens, accumulation roublarde de petites expériences ou vernis des savoirs tout neufs. Et ceux-là mêmes que peuvent-ils, si démunis face au moindre incident, déchirure, émeute, grève, infection ?

Les pères sont absents. Exclus et indifférents, ils vont ailleurs faire leur miel. Démocratie, régime de loisirs. Ils sont au café, ils courtisent, ils errent. Plus lucides qu'irresponsables. Descartes savait déjà que les fils ne procèdent pas de leurs pères. La génétique moderne brise la représentation courante de la consubstantialité. Les parents, pour ainsi dire, n'engendrent pas leurs enfants. Contemporains incréés, germinalement, de leurs géniteurs, les enfants naissent sans dette. Ainsi la démocratie, semble-t-il, n'a pas d'auteurs; elle se fait, s'accouche plus qu'elle n'est accouchée.

Cela n'empêche pas d'en gloser, et nos modernes ne s'en privent pas. Hier encore, la critique du totalitarisme faisait grand bruit, et la dénonciation du Mal absolu devait nous instruire des mérites et des moyens d'une vie démocratique. La leçon aurait-elle tourné court ? Le conformisme ambiant le donnerait à penser. Platon tenait la démocratie pour un gouvernement agréable, anarchique et bigarré. Rien de moins bigarré que le commerce des idées d'aujourd'hui : il n'est question, entre gens de métier, que de convergences. Le républicanisme est de retour, et fait fureur. Est-il de gauche ou de droite ? Difficile à dire lorsque certains esprits éclairés des deux camps célèbrent ensemble les vertus de la *Res Publica* ou nouent un dialogue dont la technicité rend délicat le repérage des appartenances politiques. Lorsque Pierre Rosanvallon et Yves Cannac dialoguent[1], les proximités ne sont-elles pas déconcertantes ?

Sur la scène politique, les couplets attendus se font entendre, et chacun, aux échéances prévues, joue son rôle. Mais en arrière-plan un débat distingué prend acte des rapprochements et périme les oppositions communes. A se faire trop subtiles les nuances deviennent insaisissables. C'est ainsi que le néo-libéralisme met à son actif les percées théoriques de la gauche non étatiste et que l'idée républicaine n'est plus contestée par personne.

Les hommes de gauche sont piégés par cette étrange situation théorique qui est en partie leur œuvre. Car précisément l'abandon des langues de bois, la volonté de rompre avec les propos étroitement spécialisés ou les artifices des prestations télévisées — une certaine éthique du discours en somme — condamne aujourd'hui à la reconnaissance d'une proximité parfois troublante. Les partisans d'une gauche démocratique peuvent bien invoquer des spécificités ou marquer des distances, ils n'opposent pas de projet cohérent de société à la droite libérale et démocratique. Quant aux querelles de tendances, elles sont bien, comme l'indiquent

1. Yves Cannac et Pierre Rosanvallon, Que faire de l'Etat, in *Le Débat*, septembre 1983.

Alain Bergounioux et Bernard Manin[2], le « gage et la garantie du pluralisme auquel la social-démocratie entend faire place dans la société », mais ne suppléent pas à l'absence d'une politique consistante.

Que peut dire un socialiste ? Qu'a-t-il à rétorquer à un libéral un peu habile ? Vous prônez le maintien d'un secteur privé ? Nous aussi. Vous refusez de vous en remettre au pur marché ? Nous de même, et depuis longtemps. Le pluralisme et les libertés individuelles ne vous semblent plus à dédaigner ? Nous sommes les fondateurs de ces institutions que vous critiquiez naguère et qui les garantissent.

Si les électeurs qui ont fait confiance à la gauche en 1981 n'attendaient pas nécessairement d'elle un changement de société, le spectacle d'une gauche par trop timorée et comme effarouchée de ses audaces intempestives a de quoi décevoir. Dès 1982, le rêve est passé. Restent la bonne volonté et les nobles sentiments; mais cela, personne ne le dispute à la gauche, même si on ne lui en accorde pas l'exclusivité. Valéry Giscard d'Estaing l'a proclamé en son temps : à droite aussi on a du cœur. Autres temps : il est mieux venu aujourd'hui de vanter les mérites du réalisme et des vrais gestionnaires.

Sur ce terrain, la polémique est aisée, et un bilan peu convaincant est bientôt asséné : à l'actif de la gauche, les idées de droite dont elle veut bien reconnaître, tardivement, l'intérêt. Au passif, son incapacité à les mettre en œuvre, ses hésitations, ses flottements, sa lenteur à revenir de ses errements pour gérer sérieusement la crise. Bilan malveillant sans conteste, et qui ne tient pas compte de réussites exemplaires, comme l'abolition de la peine de mort, la mise en œuvre des *Lois Auroux* ou les débuts d'une véritable décentralisation. Mais il est vrai que la gauche a reculé et la démobilisation n'est pas seulement lisible dans les statistiques électorales, comme elle ne s'explique pas avant tout par l'augmentation du nombre des chômeurs. Le mal est plus profond, plus pernicieux, moins facile à traiter qu'à diagnostiquer.

---

2. Cf. Alain Bergounioux et Bernard Manin, *La social-démocratie ou le compromis*, PUF, 1979, p. 185.

A moins d'en définir le sens et les moyens, la modernisation n'est qu'un thème passe-partout. Son usage abusif et quasiment incantatoire dissimule mal le déficit idéologique d'un discours de gauche qui consent par là à sa défaite dans le combat intellectuel. Jouant sur un autre registre, il arrive que l'on reprenne — par fidélité au passé et aux vieux camarades — l'antienne du grand élan du peuple de gauche pour rompre avec le capitalisme. Cela manque de conviction. Qui croira que l'on puisse créer une dynamique à partir d'un discours dont chacun connaît par-devers lui l'indigence ?

L'échec provisoire de la gauche ne tient pas à sa gestion ni bonne ni mauvaise de la crise, n'est pas totalement imputable à l'accroissement du nombre des chômeurs ou explicable par la hargne d'une droite très soucieuse de prendre sa revanche. Il renvoie d'abord, pourrait-on dire, à une maladie de la volonté : la gauche ne sait plus ce qu'elle veut, et s'en prend pour cela à ses intellectuels, gens sur lesquels on ne peut guère compter décidément. Si le discours politique de la gauche s'est avéré si décevant au moment où il devait, en abandonnant les facilités de la propagande, trouver un regain d'intérêt, la faute n'est imputable ni à la qualité de son personnel politique, ni à celle de ses gestionnaires. Au contraire, on peut croire qu'un certain silence, une relative discrétion dans la proclamation des principes et des objectifs à long terme, loin de relever d'une élémentaire prudence tactique, manifeste une réelle lucidité à l'égard des possibilités d'investigation et de prospective offertes par la réflexion politique et historique de ces dernières années.

Il n'est décidément pas facile, en effet, d'être socialiste aujourd'hui. Parce qu'il se découvre plus que réservé à l'endroit d'une histoire s'achevant par une lutte finale, parce qu'il n'est plus même sensible à la magie de l'autogestion, le militant d'hier a engendré le réaliste à la force tranquille. Absorbés par leur critique des totalitarismes, les intellectuels ne dispensent aucun idéal. La Révolution française, ce mythe porteur du consensus socialiste, en vient à susciter leur méfiance. De droite ou de gauche, la politique se détourne de l'avenir. Gérer, soit. Mais ne plus vouloir — ni le Bien pour l'Humanité, ni même le bien-être pour les citoyens. Cette désaffection du politique explique la séduction exercée par les thèmes du libéralisme : la fascination pour un marché qui, s'autorégulant, produirait spontanément le meilleur. Idéal sans compromission humaine d'une société providentiellement juste.

Que reste-t-il donc de notre ferveur politique ? La simple conviction qu'il nous faut préserver dans la démocratie un espace où les conflits puissent s'exprimer. Et aussi l'espoir que cet espace continue de mobiliser des citoyens dont la redécouverte des valeurs familiales et l'individualisme croissant sont réputés annoncer la douce fin du politique.

CHAPITRE PREMIER

Les intellectuels et la lanterne

Le 15 avril 1980 mourut Jean-Paul Sartre qui savait la gauche malade mais crut jusqu'au bout dans sa nécessité et son avenir. Ce jour-là sortait chez Gallimard une nouvelle revue, promise à un prompt succès : *Le Débat*. Interrogé par *Le Monde*, son directeur Pierre Nora se félicite alors de cette coïncidence de date, y déchiffrant « un symbole, le signe d'une relève »[1]. De fait, le premier numéro du *Débat* est pour lui l'occasion d'interroger le pouvoir actuel des intellectuels et d'enregistrer les mutations qui font de Sartre une figure révolue. Est-ce à dire que l'intellectuel engagé a fait son temps, que l'évolution de Sartre a épuisé les possibilités pour les clercs d'intervenir dans l'histoire ? D'un idéalisme serein et objectant au cours des choses la transcendance et l'absoluité de la Liberté jusqu'à un messianisme aveugle et sanctifiant dans le Peuple la fin de l'Histoire à réaliser, le passage se révélerait-il donc une impasse ? Nullement, aux yeux de P. Nora qui en appelle à un second âge de la conscience historique, en l'occurrence : à une incessante lutte contre les immobilismes mentaux ainsi qu'à la démocratisation du pouvoir intellectuel. Son analyse milite même en faveur d'un regain des intellectuels dont elle associe le destin à l'état démocratique. Le raisonnement est sans ambiguïté : dans l'Ancien Régime, les « intellectuels », comme

---

1. Cf. *Le Monde* du 2 mai 1980 où P. Nora déclare notamment que : « *Le Débat*, c'est le contre-pied des *Temps modernes* et de sa philosophie de l'engagement. »

on les nomme depuis l'affaire Dreyfus, n'existent pas pour la simple raison que le pouvoir politique se prétend à la fois temporel et spirituel, articulant ainsi les préoccupations pour les fins dernières avec l'organisation du présent. Nul besoin, en ce temps-là, de la voix des lettrés pour dicter le désirable. Les choses changent avec la laïcisation qui culmine dans la société démocratique; expression de la volonté populaire, le pouvoir politique se voit tenu d'exécuter ce pour quoi il a été choisi et il se trouve par là même dispensé d'énoncer ce qui doit être. Cette dépossession du pouvoir spirituel de formuler les idéaux ménage à l'intellectuel sa place et lui assigne sa fonction. De ce point de vue, il n'est pas de démocratie sans intellectuels. Quand bien même on se refuserait, avec Pierre Nora, à couvrir les errances de ceux qui ont cédé au prophétisme jusqu'à se perdre parfois dans l'activisme, il n'en faudrait pas moins espérer de l'intellectuel responsable et ouvert à la discussion publique l'indispensable témoignage du bon fonctionnement des institutions démocratiques.

La perte du sentiment de l'avenir

Deux ans après l'élection d'un Président de la République socialiste, c'est précisément ce que Max Gallo estime nécessaire de rappeler. La relève annoncée par Pierre Nora n'a donc pas eu lieu et elle fait d'autant plus défaut que le gouvernement d'alors attendait d'elle l'exercice d'une liberté et d'une imagination dans le débat dont on conteste quelquefois le goût aux socialistes. Question cruciale, donc, que celle des intellectuels et la note pathétique qui achève l'appel de Max Gallo[2] l'exprime avec une certaine emphase : « [Les intellectuels] sont, dans un pays démocratique, ceux par qui passe et s'exprime la prise de conscience collective. Il n'est peut-être pas excessif de dire que le succès de la gauche — mais au-delà le destin de la France — dépendra, pour une grande part, du mouvement des idées qui, librement, animera les esprits. »

2. Cf. *Le Monde* du 26 juillet 1983, Les intellectuels, la politique et la modernité.

Se trouve donc brutalement posée la question de savoir si le silence des intellectuels dont M. Gallo a inauguré le thème signifie le retour à une tradition d'apolitisme ou, plus grave, le triomphe d'une apathie, mortelle pour la démocratie, comme le montrait déjà Tocqueville. D'où vient qu'on devrait croire que la mission des intellectuels est aujourd'hui achevée ? Militants, ceux-ci étaient porteurs d'idéaux (la justice, la liberté) qu'ils opposaient infatigablement à la réalité historique (toujours particulière et insatisfaisante); s'ils se taisent à présent, serait-ce que l'idéal est selon eux réalisé, que le rationnel est enfin devenu réel ? Que Max Gallo, à l'époque membre du gouvernement, s'étonne de leur mutisme signale assez que la gauche au pouvoir ne se berçait pas de telles illusions et qu'elle entendait résister à la torpeur engendrée par le 10 mai 1981, cette torpeur que Jean Baudrillard décrit en termes eschatologiques : « Il est vrai que le socialisme engendre une corruption, une décomposition de la position intellectuelle, puisqu'il se présente comme absolution de toute contradiction, comme utopie réalisée, comme réconciliation de la théorie et de la pratique, bien-être, bénédiction : c'est la fin de la part maudite, c'est la fin des intellectuels (mais ils peuvent continuer de travailler !) »[3].

Bien naïf qui pourrait croire que la gauche a achevé l'Histoire et bien méprisant qui penserait que les intellectuels se l'imaginent. Même si le mot d'ordre général prescrit désormais de faire retour aux études plutôt que de livrer des diagnostics sur les vicissitudes de l'histoire. Qu'on songe à Jean-François Lyotard, ce militant intransigeant qui avoue aujourd'hui avoir enfin écrit son livre de philosophie *(Le Différend)*, la seule chose qui vaille selon lui et qui imposait qu'il échappât à la tourmente du siècle. Avant, il ne se sentait pas le droit; il devait des comptes à l'Histoire... Retour à la modestie du clerc ? Peu probable. Le retrait des intellectuels s'accompagne volontiers de la dénonciation péremptoire du slogan hier mobilisateur : « Tout est politique »[4]. Quand ce

---

3. Cf. *Le Monde* du 21 septembre 1983, La gauche divine.
4. Cette dénonciation est orchestrée par Alain Touraine dans un article intitulé La fin du tout-politique, dans *Le Monde* des 12-13 février 1984.

slogan avait cours, la faculté d'universel prêtée à l'intellectuel était sommée d'intervenir tous azimuts. Si tout n'est plus politique, son intervention n'est plus justifiée à toute occasion et son silence devient compréhensible. Michel Cornu, dans son livre *Existence et séparation*, donne à entendre quelque chose d'analogue lorsqu'il soutient qu' « il y a une exigence éthique de la politique » et que celle-ci « réside dans l'acceptation d'un au-delà de la société ». En clair, cela signifie qu'il faut refuser que l'homme se réduise à l'animal politique, ce à quoi le goût de l'intellectuel pour la parole publique invitait d'une certaine façon.

De là à ce que la politique fasse l'objet d'une désaffection croissante, il n'y a qu'un pas, dont le présent ouvrage cherche justement à évaluer la portée. Si la question du silence des intellectuels a eu tendance, on s'en souvient, à irriter le grand public, si elle est apparue comme une façon tapageuse de meubler le vide d'un été, elle méritait cependant d'être posée car elle ouvre finalement à un ordre de préoccupation qui dépasse de loin la seule chapelle des intellectuels. Derrière elle, en effet, se profile une interrogation concernant nos représentations de l'avenir et les raisons qui nous portent à espérer ou désespérer. Silencieux, l'intellectuel devient le symptôme de notre impuissance devant l'ordre du monde et de notre scepticisme à l'égard de tout idéal régulateur pour l'action. Qui plus est, dans la vaine attente dont il est l'objet, il révèle le douloureux sentiment que nous ne sommes pas encore réconciliés avec l'Histoire, que nous demeurons inachevés. Qu'au moins renaisse la tâche de protestation, qu'un « Non » adressé au monde tel qu'il va réveille en nous le sens du projet et le goût de l'espoir !

Examinant l'histoire culturelle des cinquante dernières années, on constate combien l'avenir a pu hanter les intellectuels qui s'imposèrent d'interroger leur vocation en liaison avec leur approche du sens de l'Histoire. Ainsi Jules Monnerot lance-t-il, en 1939, une vaste enquête[5] autour d'une question qui paraîtra aujourd'hui bien archaïque : « Pensez-vous que la direction de conscience soit une fonction organique dans les collectivités

---

5. Cf. *Volontés*, n⁰ 14 repris *in* D. Hollier, *Le collège de sociologie*, Ed. 10/18, p. 106.

humaines ? Ou au contraire que la société où nous vivons, la communauté dont nous sommes membres, ait atteint une sorte d'âge adulte qui lui permette de se passer de directeurs ? » Curieuse question que le désarroi de l'époque rendait sans doute recevable. Lorsque, quarante ans après Monnerot, la revue *Le Débat* s'ouvre, elle aussi, à une enquête prospective, c'est pour demander : « De quoi l'avenir intellectuel sera-t-il fait ? » (1980, n° 4). Non pas : Que sera le monde demain ? mais plutôt : Quels livres publiera-t-on et lira-t-on ? La dernière fois qu'on s'est adressé aux intellectuels pour leur poser les questions qui importent au grand public, c'est, à notre connaissance, en 1958, lorsque la revue *Arguments* s'aventurait à demander par exemple : « Pouvez-vous essayer d'entrevoir l'avenir de l'humanité ? Quelles sont les perspectives les plus lointaines que vous pouvez imaginer ? (...) Quelles sont les perspectives sociologiques (communisme, disparition de l'Etat, cités fourmilières, etc.) ? L'homme pourra-t-il supprimer la mort ? De quelle façon ? Pouvez-vous imaginer l'avenir du monde ? (...) Faut-il espérer ou désespérer ? »[6]. Questions que résume en définitive celle-ci : Y a-t-il encore aujourd'hui, chez les intellectuels, quelque chance de renouer avec une « pensée anticipatrice » ? Edgar Morin serait-il aussi téméraire en 1986 qu'en 1958, lorsqu'il répondait avec détermination : « Le xxe siècle est celui du capitalisme d'Etat et du socialisme d'Etat; le xxie siècle sera le siècle du socialisme contre l'Etat »[7] ?

L'actuel silence des intellectuels ne révèle-t-il pas principalement un certain exténuement du sentiment de l'avenir ? Ne porte-t-il pas, dès lors, à justifier que l'on confonde l'intervention dans la chose publique avec la gestion d'un *statu quo* dégagé de toute contestation ? Extraite de son contexte, la conclusion du livre de Jacques Julliard, *La faute à Rousseau*, pourrait le laisser croire : « Puisque, malgré lui, 1968 nous a libérés de l'utopie, c'est-à-dire de l'avenir, tandis que 1981 nous émancipait de la

---

6. Cf. *Arguments*, 3, Ed. 10/18, p. 284-285.
7. Ne cachons pas qu'il est de nouveaux audacieux, non plus parmi nos penseurs, mais parmi nos hommes politiques; ainsi Charles Millon affirme-t-il en 1984 : « Le xxie siècle sera ou totalitaire ou religieux » (cité par J. Frémontier, *Les cadets de la droite*, Seuil, p. 15).

doctrine, c'est-à-dire du passé, nous pouvons aujourd'hui tenter de vivre au présent »[8].

Dans ce contexte où le repli sur soi et la nostalgie de la cléricature semblent prévaloir, il serait utile de comprendre ce qui pousse un intellectuel à prendre le risque de la parole publique, ce qui a pu engager Sartre, par exemple, à grimper sur un tonneau en 1968 alors même qu'on ne lui demandait rien. Si l'on répond : l'intellectuel se mobilise au spectacle de l'injustice ou de la misère, alors Maurice Blanchot a raison de penser qu'il ne saurait y avoir d'intellectuel permanent, qu'on ne l'est que « momentanément et pour une cause déterminée »[9]. L'expérience prouve cependant que l'intellectuel s'est engagé de manière multiple aussi bien que de façon durable et continue : c'est sans doute que l'adversité à laquelle il a réagi avait des dimensions telles que sa vocation à l'Universel y suffisait à peine. A cause universelle, à risque planétaire, engagement total et sans faille. Blanchot voit juste quand il souligne que cette cause, que ce risque ont revêtu un aspect unique presque jusqu'à aujourd'hui : « De l'affaire Dreyfus à Hitler et à Auschwitz, il s'est confirmé que c'est l'antisémitisme (avec le racisme et la xénophobie) qui a révélé le plus fortement l'intellectuel à lui-même : autrement dit, c'est sous cette forme que le souci des autres lui a imposé (ou non) de sortir de sa solitude créatrice. » Devant un ennemi d'une telle envergure, on pouvait difficilement s'improviser intellectuel de circonstances; il fallait l'être à plein temps ou jamais. C'est ce que paraît illustrer l'exemple de Thomas Mann dont l'orientation démocratique a eu besoin du nazisme pour s'affirmer. Avant Hitler, l'écrivain fait figure d'humaniste serein et s'instruit auprès de Schopenhauer dont il assimile la devise : « Je rends grâce à Dieu chaque matin

8. J. Julliard, *La faute à Rousseau*, Seuil, 1985, p. 247. Jacques Julliard n'est certes pas suspect d'encourager à la dépolitisation; en militant aujourd'hui pour un renouveau de la vie politique qui satisferait aux exigences d'une société contractuelle, il demeure fidèle à des engagements de longue date — ceux-là mêmes qui l'ont conduit à défendre l'autogestion. Il n'empêche qu'on peut trouver équivoque le fait que, cherchant à délivrer Rousseau du mauvais procès que lui intenta le XIXᵉ siècle, il veuille à toute force prouver que « l'auteur du *Contrat social* n'a jamais renoncé à l'idéal d'en finir avec la politique » (p. 26).

9. Cf. *Le Débat*, nᵒ 29.

de n'avoir pas à me soucier du Saint Empire romain germanique. »
La philosophie pessimiste de Schopenhauer justifie alors, chez les
penseurs de la génération de Mann, la résignation ainsi que l'acceptation d'un Etat conçu comme un mal nécessaire, c'est-à-dire
qu'elle encourage « au plus parfait conservatisme politique » et
à la plus profonde indifférence pour la chose publique. Mais la
montée du nazisme va ouvrir les yeux de Thomas Mann, le secouer
de son sommeil de clerc et le conduire à reconsidérer le philosophe de sa jeunesse. Découvrant dès lors que l'intérêt de tout
homme voué aux choses de l'esprit passe par la démocratie,
comprenant ainsi que « l'apolitisme, c'est tout simplement l'anti-
démocratie » ou « que la politique elle-même n'est que la moralité
de l'esprit, sans laquelle il se gâte », Mann devient proprement
un intellectuel. Le nom de Schopenhauer signifie désormais cet
apolitisme et cette ruine de l'intelligence et son attitude hostile
à l'égard de la Révolution de 1848 revêt la plus haute signification.
Si l'anecdote n'avait pas jusque-là marqué, elle devient dorénavant
symbolique : « Schopenhauer prêta avec ostentation ses jumelles
d'opéra à l'officier qui, de sa demeure, inspectait les hommes sur
les barricades, pour lui permettre de mieux tirer sur eux »[10]. Le
reniement de Schopenhauer était donc nécessaire pour découvrir
la politique et la démocratie. A cet égard, il serait intéressant de
savoir où les philosophes en sont aujourd'hui avec Schopenhauer
et si la révision de leur « habitus » culturel a été durable.

Serait-ce que, en dépit de l'éloquente évolution d'un Thomas
Mann, les inquiétudes éveillées par le fascisme se sont dissipées
pour que nos intellectuels silencieux esquivent le combat pour
la démocratie et renâclent à tout engagement politique ? Seraient-ils
en train de renouer avec la quiétude de l'apolitisme et avec Schopenhauer, ce contempteur de la volonté toujours malheureuse ?
L'hypothèse en forme de soupçon paraîtra insolente, absurde et
malveillante à ceux qui savent combien les penseurs contemporains sont restés traumatisés par le nazisme. De fait, le leitmotiv
actuel de la pensée politique tient dans cette mise en garde : Que

---

10. Cf. Thomas Mann, *Schopenhauer* (1938) et *Culture et politique* (1939), in *Les
Maîtres*, Ed. Grasset, 1979.

Auschwitz ne se répète pas ! Adorno, Blanchot, Lévinas et tant
d'autres mêlent leur voix au concert des formules de cet impératif
négatif. Tant de vigilance et de détermination devraient bien prémunir contre le retour d'un nouvel Hitler si la consigne répétée :
Faire en sorte qu'Auschwitz ne se reproduise pas, ne s'accommo-
dait en réalité du retrait de l'intellectuel hors du terrain proprement politique. Le paradoxe n'est qu'apparent : la réponse à un
tel impératif ne peut guère solliciter les gens de lettres autrement
qu'en les invitant à expliquer comment Auschwitz fut historiquement possible; or, un tel projet, s'il procède bien d'un souci
émancipateur, se réduit facilement dans son exécution à sa seule
dimension généalogique, sinon philologique; de sorte que la
relecture de la tradition culturelle ayant laissé être cet « événement métaphysique » devient propice à l'exercice solitaire et
facilement dédaigneux du présent de l'intellectuel qui, d'engagé
dans le temps, se retrouve bientôt aux portes de la cléricature
éternelle. En outre, pour peu qu'on y prenne garde, cette conver-
sion/perversion d'une préoccupation politico-historique en une
interrogation métaphysique démobilisante s'explique autrement.
Auschwitz a en effet été l'occasion d'une prise de conscience de
l'irréductibilité du Mal. Ce fut à tous égards la révélation d'une
cassure dans l'histoire et celle, par conséquent, de la vanité du
messianisme et des utopies. Quelque chose de décisif pour notre
temps s'est joué là qui a égaré les philosophies de l'histoire et
dérouté ce que R. Aron nomme « les religions séculières ». C'est
en quoi, méditant Auschwitz, l'intellectuel se voit bientôt contraint
de renoncer à lui-même, c'est-à-dire à l'idéal dont il se croit traditionnellement porteur. L'horreur méduse et l'inexplicable appelle
le silence. Plus de message à délivrer; seulement quelques propos,
comme ceux de Jacques Ellul[11], militant pour une démobilisation
pleine et entière : « On sait ce que Hitler appelait la solution !
Eh bien toute doctrine qui prétend être la solution inclut en
fait l'extermination. L'existence de la liberté suppose le combat
le plus acharné contre toute politique du Bien, de la Justice, et
de la Vérité (au sens absolu). » Sans même choquer, Clément

---

11. Cf. J. Ellul, *Ethique de la liberté*, Genève, Ed. Labor et Fides, 1975, t. II, p. 41.

Rosset peut à présent écrire que la fonction du philosophe est de démobiliser[12].

En hypostasiant ainsi le Mal, les intellectuels peuvent-ils donc éviter l'apolitisme de Schopenhauer ? En érigeant Auschwitz en symbole du Mal absolu, ne doivent-ils pas redécouvrir la conception schopenhauerienne de l'histoire comme lieu de la répétition du malheur ? De sorte que le parcours se bouclerait : de Schopenhauer à Schopenhauer — d'un apolitisme à un autre, plus désespéré d'avoir cédé le temps d'une génération devant l'espoir d'une Humanité meilleure.

Il est banal de rappeler que la plupart des intellectuels qui, dès les années trente, se sont éveillés à la vie politique et ont formulé cet espoir, ont fréquenté le marxisme. L'idéal de justice et de liberté, en lutte contre la réalité mauvaise, s'est essentiellement dit dans les termes de Marx. Mais paraîtra-t-il impie de suggérer ici que l'idéal communiste a fonctionné pour nombre de penseurs bourgeois comme un idéal religieux poussant à agir dans le siècle pour qu'advienne la fin de l'Histoire ? Ceux de ces penseurs qui, ayant abandonné le marxisme de leur jeunesse, transfèrent sans heurt leurs convictions aux enseignements religieux les moins élaborés, étayent d'une certaine façon cette suggestion. Pour ne pas céder à la caricature en invoquant l'exemple de Philippe Sollers, on mentionnera l'itinéraire emblématique d'un penseur comme Max Horkheimer, le principal représentant de cette Ecole de Francfort que la France a découvert avec tant de retard[13]. Horkheimer (ainsi qu'Adorno, son ami) retint d'abord du marxisme le modèle d'une rationalité critique propre à dénoncer la rationalité instrumentale qui caractérise le monde bourgeois; l'intellectuel qu'il choisit d'être au début des années trente disposait donc avec Marx des éléments permettant une critique de l'ordre établi et, de plus, le matérialisme historique lui donnait des raisons d'espérer que l'idéal d'émancipation pour lequel il

---

12. Cf. Clément Rosset, Démobiliser in *Critique*, n° 369, févr. 1978.
13. Cf. J.-M. Besnier, La raison est-elle totalitaire ? Parcours de l'Ecole de Francfort, in *Raison présente*, 1979/3, ainsi que Le marxisme au passé, in *Revue de Métaphysique et de Morale*, 1980/2.

militait était inscrit dans la logique d'un processus qui prendrait fin avec la société communiste.

Reste qu'assez vite la confiance dans le bien-fondé des thèses marxistes se trouva ébranlée et, avec elle, celle qui transfigure l'intellectuel en prophète des jours meilleurs. Horkheimer et la communauté intellectuelle qu'il inspire finirent par douter de la possibilité d'opposer une raison critique à la raison instrumentale — c'est-à-dire un projet d'émancipation à la domination capitaliste — au point qu'ils ont parfois donné à penser que toute rationalité, en tant qu'elle vise à imposer l'universel, est par essence totalitaire. Outre le camouflet qu'infligea à leurs espoirs révolutionnaires la réalité soviétique, ils s'avouèrent bientôt les erreurs théoriques de Marx. Le pas décisif fut franchi lorsqu'ils formulèrent, en termes d'antinomie, l'opposition radicale de la justice et de la liberté. Ce qui n'aurait sans doute pas surpris un disciple de Tocqueville paniqua l'intellectuel qui voulait lire chez Marx l'anticipation d'une société à la fois libre et juste : « Plus il y a de justice, moins il y a de liberté »; « Si l'on veut aller vers l'équité, on doit interdire aux hommes de nombreuses choses, et notamment d'empiéter les uns sur les autres. Mais plus il y a de liberté, plus celui qui déploie ses forces avec une habileté supérieure à celle des autres sera finalement capable de les asservir; ainsi moins il y aura de justice »[14]. Comment demeurer marxiste dès lors ? Horkheimer et Adorno s'étaient déjà convaincus de ce que « le progrès se paye de choses négatives et effroyables »; ils parviennent pour finir à « la conviction que la société va évoluer vers un monde totalement administré », ce despotisme doux et insidieux que redoutait tant Tocqueville au milieu du siècle dernier. Exit l'espoir révolutionnaire.

L'attitude est désormais à la préservation de ce que l'on croit encore possible de sauver, à savoir : « l'autonomie de l'individu ». Attitude devenue courante qui donne le conservateur comme la figure la plus authentique du révolutionnaire et l'ambition de transformer le monde pour la pire perversion qui soit. C'est dans

14. Cf. M. Horkheimer, *Théorie critique* Ed. Payot, coll. « Critique de la politique », 1978, p. 358.

ce contexte que fait retour la religion et avec elle, l'enseignement pessimiste de Schopenhauer. En 1970, Horkheimer le proclame, mettant ainsi un point final à un itinéraire qui couvre un demi-siècle : « Il y a deux théories de la religion qui sont décisives pour la Théorie critique d'aujourd'hui... La première est celle qu'un grand, qu'un immense philosophe (Schopenhauer) a dési-gnée comme la plus grande intuition de tous les temps : la doc-trine du péché originel... La seconde est une proposition tirée de l'Ancien Testament : "Tu ne dois te faire aucune image de Dieu", que nous comprenons comme : "Tu ne peux pas dire ce qu'est le bien absolu; tu ne peux le présenter." »

Le Mal radical ajouté à l'interdiction judaïque de toute figu-ration de l'idéal : telle est la leçon qui se déduit de la désaffection du marxisme et s'entretient de la déconvenue provoquée par la ruine des représentations de la société et de l'histoire dont Marx offrait le paradigme théorique. Retour à Schopenhauer, consen-tement satisfait à l'inspiration judaïque : combien d'intellectuels, hier révolutionnaires et aujourd'hui silencieux, s'abandonnent à ces solutions qui les dispensent de l'engagement dans l'histoire qui les a échaudés ? Le fait est que l'attitude la plus répandue dans l'intelligentsia contemporaine est désormais au rejet de l'idéal et de toute projection d'un modèle de société à réaliser. Y a-t-il encore un sens à interpeller l'intellectuel dès lors qu'on s'accorde à en finir avec l'eschatologie et le messianisme ? Pierre Nora le croyait en 1980 mais force est d'admettre que le renon-cement au marxisme a créé un vide et qu'il dispose au retour du clerc, du lettré jaloux de son savoir — fût-il convaincu que son utilité politique est réelle bien que toujours inattendue et imprévisible. Bonne conscience de l'intellectuel revenu de sa militance d'antan ou bien conviction sincère de l'intellectuel per-suadé de s'être jadis fourvoyé en s'occupant de ce qui ne le regar-dait pas ? Il n'importe guère. Adorno qui a toujours déclaré ses réticences à l'égard de l'action justifie ce que les étudiants de Mai 1968 ont interprété comme une lâcheté de sa part en expli-quant que l'intellectuel reste en tout état de cause un homme de cabinet, un théoricien : « Partout où, au sens étroit du terme, je suis intervenu directement, et eus quelque influence sur la

pratique, cela se fit par la théorie seule. » Affirmation que relativise cette autre : « La praxis est source d'énergie pour la théorie,
elle ne peut être prescrite par celle-ci »[15]. Au fond, le succès tardif
de l'Ecole de Francfort correspond sans doute à la sensibilité de
la jeunesse actuelle, confortée par une intelligentsia à refuser les
lendemains qui chantent et à entonner les vertus du *No future*.

Le tiers-mondisme à l'encan

Le temps n'est plus où Che Guevara résumait les aspirations
d'une génération impatiente de faire l'histoire et de se « disculper »
de n'avoir pas connu la guerre de ses aînés. Symbole d'un volontarisme à dimension planétaire, le « Che » représente jusqu'au
seuil des années soixante-dix le mythe par lequel la jeunesse
se laisse conter les miracles d'une politique sans turpitudes :
lyrique comme Prométhée déchaîné, prophète de la fin des impé-
rialismes, image vibrante de la force d'une politique éclairée par
la morale universelle, l'homme au béret étoilé cristallise les
refus et les enthousiasmes qui précipitent les engagements dans
l'histoire.

Après avoir achevé avec la *Critique de la raison dialectique* sa
monumentale description des retombées de la Révolution dans le
« pratico-inerte », Sartre avait dès 1961 prêté sa voix à ce qui
s'affirmera dans l'héroïsme guévarien. Au sortir de la crise algé-
rienne, cette voix fit frémir. Sartre osait prononcer, dans sa préface
aux *Damnés de la terre* du Martiniquais Franz Fanon, ce que l'on
redoutait de s'avouer : la fin de l'Europe, la faillite des valeurs
occidentales et la constitution de l'unité du Tiers Monde. Sa
renommée s'offrait à amplifier l'idée morale autant que politique
d'une régénération grâce au soutien actif apporté aux révolutions
des esclaves de l'impérialisme : « Ne perdons pas de temps en
stériles litanies ou en mimétismes nauséabonds. Quittons cette
Europe qui n'en finit pas de parler de l'homme tout en le mas-

15. Cf. Adorno, *Modèles critiques*, Ed. Payot, coll. « Critique de la politique », 1984.
p. 296.

sacrant partout où elle le rencontre, à tous les coins de ses propres rues, à tous les coins du monde. Voici des siècles qu'au nom d'une prétendue aventure spirituelle elle étouffe la quasi-totalité de l'humanité. » Et Sartre d'applaudir au « strip-tease de notre humanisme » et de commenter le diagnostic de Fanon : « Le Tiers Monde *se* découvre et *se* parle par cette voix... La vraie culture, c'est la Révolution »[16].

Le tiers-mondisme n'a évidemment pas attendu Sartre pour apparaître. Le géographe Yves Lacoste en établit l'acte de naissance en 1952, date à laquelle Alfred Sauvy forge l'expression « tiers monde » pour désigner une réalité qu'il s'agit de défendre, comme en d'autres temps le tiers état[17]. Sartre est plus vraisemblablement l'emblème de l'investissement de l'anti-impérialisme par les intellectuels traumatisés lors de la guerre d'Algérie. Le tiers-mondisme devient « le territoire par excellence des intellectuels, l'expression privilégiée de leur crise » et cela d'autant plus visiblement qu'il mobilise peu l'anti-impérialisme propre au mouvement ouvrier[18]. Sans être un alibi, l'aide aux laissés-pour-compte de la croissance devient l'occasion pour le clerc de manifester un engagement non partisan dans le siècle. Il n'est pas de voie mieux appropriée au désir d'universalité que le combat en faveur des trois milliards d'individus opprimés par la minorité nantie des pays développés. Le chrétien y engage sa quête de justice et milite sans arrière-pensées politiciennes dans le Comité catholique contre la Faim et pour le Développement (CCFD) ou à Terre des hommes. Le marxiste y transporte son eschatologie révolutionnaire et attend des Organisations non gouvernementales (ONG) qu'elles prouvent le bien-fondé de la thèse selon laquelle la paupérisation est le levier de la révolution. Sur fond de guerre froide, le tiers-mondisme réalise ainsi une manière de consensus; il s'impose comme « une idée partagée par la presque totalité de

16. J.-P. Sartre, Préface aux *Damnés de la terre* de Franz Fanon, Ed. Maspero, 1961, repris dans *Situations V*, Ed. Gallimard, 1964, p. 169, 186, 171 et 172.
17. Y. Lacoste, *Contre les anti-tiers-mondistes et contre certains tiers-mondistes*, Ed. La Découverte, 1985, p. 68 sq.
18. Cf. Claude Liauzu : Du tiers-mondisme à la dérive des continents, in *Le Monde diplomatique*, mai 1985.

nos contemporains, au point que toute critique serait promise à un désaveu presque universel »[19].

Aubaine pour l'intellectuel qui entretient sa parole des ressources d'une langue universellement reçue. Ainsi Jean Ziegler, dont les analyses s'apparentent à celles des marxistes quand elles fustigent la néo-colonisation, est-il assuré d'émouvoir le grand nombre des hommes de bonne volonté dès lors qu'il en appelle à ceux « qui refusent l'actuel ordre du monde » et « incarnent le désir du tout autre, le rêve éveillé, l'utopie positive, l'eschatologie d'un monde voué à la justice »[20]. Mais Ziegler, en 1986, est taxé d'archaïsme.

Le consensus qui faisait la force du tiers-mondisme s'est en effet brisé. Symptôme, avec le silence des intellectuels, de la fin de l'hégémonie idéologique de la gauche ? C'est en tout cas ainsi que l'on commente volontiers l'événement auquel on rapporte par ailleurs, en manière de datation, le livre de Pascal Bruckner publié en 1983, *Le sanglot de l'homme blanc. Tiers Monde, culpabilité, haine de soi* (Ed. Le Seuil).

Que s'est-il donc passé de Sartre à Bruckner ? Le militant est progressivement devenu objet de risée[21] et l'intellectuel a fini par limiter son espace de compétence à l'Occident, quand ce n'est pas à l'Europe[22]. Mais, plus fondamentalement, c'est la mauvaise conscience qui n'est plus un sentiment toléré : elle s'était révélée bénéfique à l'époque où elle mobilisait ceux qui prétendaient réparer la faute du Nord jugé responsable de la misère du Sud ou même participer physiquement à l'émancipation des damnés de la terre. En ce temps-là, la mauvaise conscience servait l'action et entretenait l'idéal d' « un nouvel ordre économique mondial ». Il n'en est plus de même au début des années quatre-vingt.

Indice du repli sur soi qui caractérise l'individualisme ambiant,

---

19. C'est ce qu'affirme la lettre d'invitation au Colloque organisé en janvier 1985 par la Fondation « Liberté sans Frontières » (LSF) qui prétend justement, comme nous le dirons bientôt, engager un débat débarrassé de tels *a priori*.

20. Cité par Y. Lacoste, *op. cit.*, p. 39, qui refuse les accents de cette « religiosité ».

21. P. Bruckner n'hésite pas à parler de « la bêtise du militant ».

22. Signe des temps, la fondation en 1978 du Comité des Intellectuels pour l'Europe des Libertés (le CIEL) qui proclame notamment « la synonymie des trois mots : Europe, Culture, Liberté ».

tout sentiment qui porte à obscurcir ou à déserter la subjectivité est proscrit. Parce qu'elle engendre d'abord la tristesse, cette diminution du pouvoir d'être selon Spinoza, la mauvaise conscience est contraire à l'épanouissement individuel qui s'impose à chacun comme un impératif moral. L'action à laquelle elle incitait avec Sartre est à présent dénoncée comme fuite en avant. Est-il d'ailleurs, dans ce nouveau contexte, quelque action qui puisse éviter de verser dans l'activisme ou de reposer sur la haine de soi ? L'engagement anti-colonialiste, qu'il soit de tonalité chrétienne ou marxiste, trouve maintenant sa vérité dans l'automystification et l'expiation masochiste. Il n'est pas de sentiment plus réactif que la mauvaise conscience : voilà qui suffirait presque à expliquer le fiasco des révolutions soutenues par les croisés de l'Occident...

Avec Bruckner, le tiers-mondisme s'est donc offert une catharsis rédhibitoire et il en résulte la sereine lucidité du patient soulagé du péché d'exister : les pays développés ne sont pas coupables; en d'autres termes, « la vache du riche ne mange pas le grain du pauvre »[23]. L'intellectuel n'a vraiment plus de raison de battre sa coulpe. Au fond, le Tiers Monde est une fatalité qui appelle au mieux une compatissante dévotion, au pire le désespoir léger de qui consent aux choses comme elles vont; entre ces deux attitudes — la charité autant que possible efficace et la résignation éventuellement cynique —, il n'y a plus que dangereuse agitation. Est-ce cela qu'a voulu souligner la presse en retenant surtout du roman de P. Bruckner, *Parias* (Ed. Le Seuil, 1985), la figure de cet anti-héros qui découvre qu'en exterminant systématiquement les nécessiteux, il tient la réponse que son tiers-mondisme d'antan n'avait pas su lui fournir ? Ultime preuve, s'il en fût, que le problème relève désormais de la psychologie individuelle — voire de la psychanalyse — et non plus de la politique : les valeurs de l'individualisme sont en jeu et ce sont elles qui réfutent en profondeur l'idéal qui permettait le consensus tiers-mondiste.

Mais les choses n'en sont toutefois pas restées là. Il est certain que le livre de Pascal Bruckner a donné des arguments à l'anti-

23. Rony Brauman, président de Médecins sans Frontières (MSF) et co-fondateur de Liberté sans Frontières (LSF), dans un entretien publié par le quotidien régional *Ouest-France* du 29-30-31 mars 1986.

tiers-mondisme naissant et que, du même coup, il a dévoilé les traits de l'intellectuel avec lequel notre époque pense avoir rompu. Reste que ce travail de sape ne pouvait pas demeurer isolé au moment où la gauche était mise « à l'épreuve du pouvoir »[24]. Rien d'étonnant, par conséquent, si l'anti-tiers-mondisme, profitant de cette conjoncture, s'est facilement rangé sous la bannière de l'antisocialisme et si, sur un plan plus général, il s'est démarqué de la philosophie de l'histoire progressiste où se trouve articulé le volontarisme des intellectuels avec l'idéal d'une redistribution équitable des ressources de la planète. On ne jugera guère plus surprenant de voir surgir, avec lui, un discours prompt à attribuer la misère qui règne en Afrique, en Asie et en Amérique centrale à l'ignorance des lois du marché international, ignorance prétendument entretenue par l'idéologie de gauche. Et, enfin, il n'apparaîtra pas davantage déconcertant que ce diagnostic en forme de réquisitoire soit repris et décliné par ceux qui, avec Bruckner et d'autres théoriciens d'une histoire innocente, veulent en finir avec l'eschatologie et le mythe culpabilisant de la domination de l'Occident.

La genèse de l'argumentation anti-tiers-mondiste est facile à retracer et elle permet d'apercevoir comment l'intellectuel s'est vu relever de la fonction qu'il s'était assignée en encourageant à la regénération par le Tiers Monde. La déculpabilisation des pays développés inaugure donc ce mouvement qui se prétend non seulement anti-idéologique mais également opérationnel. Car, loin de prêcher la résignation ou d'inviter à renouer avec le « cartiérisme »[25], l'anti-tiers-mondisme entend mettre en œuvre une aide efficace en faveur des pays sous-développés. En ce sens, il suggère que, lestés du poids d'une responsabilité imaginaire, le tiers-mondisme et les intellectuels qui s'en réclament s'agitent en vain; que l'efficacité sur le terrain exige qu'on soit soulagé de l'idéologie de la mauvaise conscience et du discours de ses éternels

---

24. Ministre de la Coopération du gouvernement Mauroy, Jean-Pierre Cot a décrit l'attachement des socialistes aux valeurs tiers-mondistes dans un livre intitulé *A l'épreuve du pouvoir. Le tiers-mondisme pour quoi faire ?* (Ed. Le Seuil, 1984).

25. Du nom du journaliste Raymond Cartier qui lança, en 1956, la formule : « La Corrèze avant le Zambèze », appuyant ainsi le mouvement poujadiste d'une campagne en faveur d'un repli sur l'hexagone.

porte-parole. Autrement dit, le parti des intellectuels est celui
du « coup d'épée dans l'eau » et il importe de lui substituer celui
du bon sens qui enseigne par exemple, comme le rappelle le
Dr Brauman, que « le développement se fait sur la base du profit
que retirent, individuellement, les gens qui en sont les acteurs »
et qu'en conséquence, c'est en améliorant le pouvoir d'achat, et
non pas avec d'incantatoires appels à la Révolution, qu'on résoudra
la pénurie alimentaire en Afrique.

Cela précisé, s'impose l'idée que l'anti-tiers-mondisme n'est
pas ce monstre d'égoïsme, ce déploiement de cynisme qu'on
aurait pu imaginer; et, d'une certaine façon, s'explique qu'il
obtienne sinon les suffrages du moins l'écoute de ceux qui défi-
nissaient jadis leur stratégie en termes de lutte contre l'impérialisme et contre la propriété privée des moyens de production.
Plutôt que de dénoncer hâtivement le complot d'une « nouvelle
droite masquée », il vaut mieux prendre acte de ce que les analyses
menées au sein même de la gauche intellectuelle ont contribué à
entamer le consensus tiers-mondiste. Ainsi comprendra-t-on la
paralysie des intellectuels autrefois engagés sur des positions voi-
sines de celles de Sartre.

Il n'est pire désillusion que celle du militant des causes universelles quand l'histoire s'impose à lui comme théâtre de l'incontrôlable absolu. De ce point de vue, il faut dire que le tiers-
mondiste a reçu plus que sa part : lui qui croyait dans la solidarité
politique du continent asiatique, il assiste à l'affrontement du
Cambodge, du Viêtnam et de la Chine; lui qui misait sur la jeunesse des peuples opprimés pour purifier un monde assassin, il
voit naître de sanglantes dictatures et d'aberrantes bureaucraties...
Yves Lacoste estime décisif qu'en 1978 *Le Nouvel Observateur*
reconnaisse par la plume de Jacques Julliard que « le droit des
peuples est devenu le principal instrument d'étranglement des
droits de l'homme » et qu'il faut renoncer à cette « philosophie
progressiste de l'histoire dont nous constatons chaque jour la
faillite et les crimes »[26]. Comment, dès lors, le tiers-mondiste,

26. J. Julliard, Le Tiers Monde et la gauche, *Le Nouvel Observateur* du 6 juin 1978,
cité par Y. Lacoste, *op. cit.*, p. 80-81.

même décidé à ne pas se renier sur l'essentiel, pourrait-il ne pas accueillir favorablement les mesures, qualifiées de libérales par ses détracteurs, qui conduisent notamment au démantèlement des coopératives et à la réhabilitation du profit individuel en Chine ou au Viêtnam ? Comment n'enregistrerait-il pas, toute appréciation éthique réservée, les bienfaits des succès économiques remportés par Taïwan, Singapour ou la Corée du Sud ? C'est pour le coup que les harangues anticapitalistes de Ziegler ou de René Dumont paraissent rétrogrades et que le thème de la responsabilité historique de l'Occident devient peu opérant.

« Nous ne sommes pas responsables de la misère du monde » : c'est finalement autour de cet axiome, ruineux pour la figure classique de l'intellectuel, que se réalise un nouveau consensus. Mais cette « révélation » n'était-elle pas préparée de longue date par ceux-là mêmes qui ont entrepris de miner, sur le plan des idées, les présupposés de l'histoire universelle ? Dès les années soixante, les philosophes qui ouvraient le champ des sciences humaines se sont attachés à nous délivrer de la conception d'une histoire commune à la planète entière. « Ethnocentrisme », « européanocentrisme », « logocentrisme » et autres « -centrismes » ont accouché d'une vulgate dont l'article premier énonce l'imprescriptible droit à la différence. On sait depuis que le thème peut se révéler embarrassant dans la patrie des droits de l'homme lorsqu'on envisage de lutter contre les rituels africains d'excision ou de justifier, comme Michel Foucault[27], la révolution iranienne. Cela mis à part, l'invitation à respecter les différences a eu de notables effets géopolitiques dans la mesure où elle a conduit à souligner l'hétérogénéité des pays du Tiers Monde. C'est ainsi que les trois continents concernés se trouvent à présent exclus de notre histoire, coupés de nos modes d'évaluation et de nos

27. Cf. Michel Foucault, Inutile de se révolter ? Point de vue sur la Révolution iranienne, *Le Monde* du 11 mai 1978. Dans cet article qui lui a été tellement reproché, M. Foucault semble vouloir prévenir toute objection en définissant sa « morale théorique » en termes d' « antistratégie ». S'agissant de l'impact exercé par le cas iranien sur la classe intellectuelle, voir Tiers Monde et information, Table ronde publiée dans *Esprit*, janvier 1980, particulièrement l'attitude de Jean-Claude Guillebaud qui annonce, d'une certaine façon, l'actuel mutisme des intellectuels en les invitant à « retourner sur le terrain » et à se départir de la tendance à toujours vouloir « dispenser de l'opinion ».

modèles de développement; c'est ainsi surtout qu'ils apparaissent ne plus constituer l'entité unique que le messianisme de l'intelligentsia de naguère voulait promouvoir. Ni destin commun, ni responsabilité commune pour inciter désormais au concert des nations. Le monde nous est redevenu infini et, avec lui, notre liberté. Schopenhauer ne suffira pas : il nous faudra bientôt redécouvrir le relativisme de Spengler et son esthétique des cultures incommensurables !

On a dit que demeurait pourtant, parmi les contempteurs de l'idée d'un Tiers Monde homogène, l'ambition d'aider les pays en détresse et de porter témoignage de leur misère. Aides et témoignages vont-ils requérir une légitimation de rechange pour remplacer celle qu'offraient les intellectuels tiers-mondistes ? Non pas. Les peuples nécessiteux n'appartiennent plus à la logique de notre histoire mais on leur apportera pourtant la logistique de notre développement. Sans phrases ni états d'âme. Place aux hommes d'action qui relèguent le philosophe dans son cabinet et n'entendent d'autre prose que celle du nouvel entrepreneur. Dans ce contexte, la naïveté, loin d'être une tare, devient vertu première, au même titre que l'innocence qui fait défaut aux tiers-mondistes : Rony Brauman le prouve qui organise[28] en 1985 un Colloque sur le thème : *Le tiers-mondisme en question*[29], sans s'émouvoir d'être applaudi par la presse de droite — lui qui revendique « une sensibilité de gauche » — pour avoir réglé son compte à « l'imposture tiers-mondiste ».

En fondant Liberté sans Frontières (LSF), l'homme de terrain qu'est R. Brauman obéissait à un mobile clairement explicité : créer un cadre de réflexion sur les problèmes généraux de la santé ou sur le problème de l'environnement des situations de crises. L'expérience prouve cependant qu'il ne s'agit pas seulement d'engager la réflexion sur une pratique puisque, bientôt, l'objectif s'avoue polémique : battre en brèche les présupposés idéologiques qui ont produit, en trente ans, toutes sortes d'effets pervers. Et

28. Avec Claude Malhuret, nommé secrétaire d'Etat aux Droits de l'homme par Jacques Chirac, en mars 1986.
29. Colloque tenu en janvier 1985 au Sénat et dont les *Actes* ont été publiés depuis aux Editions Olivier Orban.

d'invoquer les pays qui pourraient « décoller » s'ils n'étaient prisonniers des préceptes tiers-mondistes ou ceux qui, fidèles à ces mêmes préceptes, connaissent les pires catastrophes tout en demeurant présentés comme des modèles à suivre...[30]. C'est sans ambages l'idéologie, assimilée tacitement à la gauche, qui est mise en procès. De sorte que, on s'en doute, le débat devait vite prendre une autre dimension à la fin de la législature socialiste : le tiers-mondisme est en effet devenu l'objet d'un « déplacement », comme disent les psychanalystes, afin d'incriminer indirectement l'indigence de la politique socialiste. Assez naturellement, les méfaits de la protection sociale dénoncés au plan hexagonal sont transposés pour fustiger l'esprit d'assistanat qui règne dans les pays du Tiers Monde et les perversions qui en résultent. Sous couvert du refus de l'idéologie tiers-mondiste, c'est donc le volontarisme politique qui est récusé au profit de l'esprit d'initiative privée.

L'intention est louable qui vise à faire en sorte de créer des structures permettant de se passer progressivement de toute aide humanitaire. Moins louable si elle donne à entendre que les tiers-mondistes n'ont d'autre souci que d'attiser des situations d'urgence pour y entretenir d'éternels indigents. Résolument technique, ainsi que le prétendent les animateurs de LSF, le débat convoque les témoignages les plus éloquents : l'Ethiopie où l'Etat accapare les subsides et provoque plus de morts en déportant les populations que n'en aurait provoqué la faim; l'Inde où la transformation de l'agriculture, la création d'emplois et l'élévation du niveau de vie ont permis une lutte très efficace contre la famine... La leçon est lumineuse, même si l'homme de terrain se défend de la tirer : il n'est de solution que libérale. Il faut refuser « l'Occident-providence » et lui substituer (selon une terminologie que ne désavouerait cependant pas un rocardien) un « Occident-animateur », capable d'impulser des initiatives de prise en charge des populations par elles-mêmes. C'est la seule façon, conclut-on, d'amener le Tiers Monde à satisfaire aux lois du marché et ainsi à gagner son salut.

---

30. Cf. Document de présentation des objectifs de LSF, cité in *Le Monde diplomatique*, mai 1985, par Alain Gresh dans Une fondation au-dessus de tout soupçon.

L'intellectuel tiers-mondiste ne pouvait évidemment y songer, lui qui pose au paternaliste ou à l'eschatologue patenté : « La liberté du marché est le meilleur moyen de juguler la famine »; les profits réalisés par les multinationales ne s'effectuent pas sur le dos des peuples démunis mais leur sont au contraire propices... Autant de vérités que l'idéologie aurait dissimulées. Grand pourfendeur du volontarisme, Hayek ajoute le poids de son prestige scientifique : « Les pays qui ont adopté le système de la libre-entreprise ont été capables d'élever de manière significative le niveau de vie de leurs populations; cela vaut pour la Corée du Sud, pour le Brésil »[31]. Tel est donc le libéralisme flamboyant qui rappelle au bon sens les tiers-mondistes finalement bien irresponsables...

Ainsi le pragmatisme l'emporte-t-il : ce que nous faisons, disent les hommes de terrain, vaut toujours mieux que ce dont vous rêvez. Nous nous moquons, précisent-ils, d'être classés à droite ou à gauche : notre engagement ne connaît qu'une alternative, celle de l'efficacité-inefficacité ! Il demeure, en conséquence, bien peu de place pour l'intellectuel qui fait métier de vérité. A moins qu'il ne s'attelle, avec Yves Lacoste, à « démythifier le Tiers Monde pour le rendre plus efficace »[32], ce qui serait somme toute une façon de croire encore dans la puissance du vrai. Mais la démythification ici visée passe en fait par le renoncement à l'utopie d'un Tiers Monde solidaire politiquement et par la mise en veilleuse de l'argumentation éthique destinée à soutenir le combat humanitaire. Qu'entreprendre, dans cette perspective, sinon de s'imposer comme expert ? Elaborer « une représentation plus scientifique » (Y. Lacoste), fondée sur des données géopolitiques précises et sur une juste appréhension des caractéristiques communes aux différents Etats du Tiers Monde. En bref, la *désidéologisation* à laquelle invite Lacoste concourt-elle à autre chose qu'à recruter parmi les intellectuels désormais sans voix autant de démographes chevronnés ?

Il reste toutefois à mener le combat contre la bonne conscience

---

31. Hayek, Is Democracy dying ?, us News and World Report, 8 mars 1976, cité dans *Le Monde diplomatique* de mai 1985.
32. Titre de la conclusion du livre d'Y. Lacoste déjà cité.

de ceux qui se disent émules de Hayek en arguant de leur absence de parti pris politique. C'est chez eux qu'on a surtout objecté aux intellectuels le fait qu'à force d'exagérer leur responsabilité, ils ont couvert sinon provoqué les situations les plus déraisonnables. L'objection a son revers, répliquent Lacoste ou J.-P. Cot, car les militants *désidéologisés* du Tiers Monde, que n'entrave plus aucun sentiment de culpabilité, ne sont-ils pas en train de faire le jeu des mouvements les moins « responsables » qui soient ? Que ne voient-ils, dans leur claire naïveté, se tisser d'un lien toujours plus serré la remise en question du tiers-mondisme et le problème des immigrés ? Car le ressortissant d'un Tiers Monde éclaté devient plus étranger qu'il ne l'était du temps où l'œcuménisme des intellectuels prétendait réduire l'altérité. Nonobstant son indifférence aux idéologies, l'anti-tiers-mondisme n'oppose guère de résistance théorique à la récupération de ses thèmes par l'extrême-droite raciste.

Posée au moment où le gouvernement de gauche touchait au terme de son mandat, la question du tiers-mondisme aura fait davantage que sermonner les intellectuels. Elle aura renvoyé à leur silence les « déçus du socialisme » et manifesté la vulnérabilité politique du pragmatisme des anti-tiers-mondistes. Peu concernés par cette mise en question, il y a évidemment le grand nombre des travailleurs des ONG qui ne cherchent ni à théoriser ni à légitimer leurs entreprises : on entend de plus en plus prononcer chez eux le nom de « Charité », comme si c'était là seulement ce qui pouvait émerger du reflux des idéologies. Une charité dégagée du registre oratoire de la droite qui la dresse habituellement contre la solidarité réputée de gauche; une charité à présent nourrie de « business »[33] car, sans pour autant céder aux slogans libéraux, nul n'ignore plus ici la nécessité de recourir aux techniques modernes de production, de gestion et aussi de communication pour répondre aux urgences et aux impératifs du développement.

Que reste-t-il, chez ces apôtres d'une Charité laïcisée et marketisée, de la figure de l'intellectuel tiers-mondiste engagé jusqu'au

33. Cf. le livre de Bernard Kouchner, animateur de Médecins du Monde et fondateur en 1971 de MSF avec qui il a rompu depuis, *Charité Business*, Ed. Le Pré-aux-clercs, 1985.

cou dans le marais d'un avenir radieux ? Une passion inentamée pour la justice, la conviction qu'une politique alternative s'expérimente avec eux, en marge des tortueuses stratégies étatiques et des attendus diplomatiques, et, par-dessus tout, la volonté de se surpasser, de céder au besoin d'aventures, ainsi que l'exprime avec chaleur Bernard Kouchner qui présente volontiers les droits de l'homme comme l'ultime champ ouvert à la satisfaction d'un tel besoin. A l'heure de l'individualisme, le Tiers Monde offre aux intellectuels jadis soucieux de mobilisation générale la solitude de ses contrées désolées, comme en un Paris-Dakar sanctifié.

La gauche s'attendait-elle à ce que ses penseurs abandonnent les haut-parleurs et l'idéal d'un monde d'éternelle justice pour saluer en silence les mérites de l'homme de terrain, ce héros positif des temps déclarés postmodernes[34] ?

La fin des messages

Max Gallo et les socialistes au pouvoir jusqu'en mars 1986 ont été finalement victimes d'un contretemps : la gauche remporte en 1981 une victoire attendue et préparée de longue date par ses intellectuels lesquels en profitent pour laisser dire qu'ils se sont trompés de combat. Ironie de l'histoire ? En réalité, la majorité politique acquise alors a cédé à quelques illusions, en particulier à celle qui la disposait à se croire soutenue par tout ce qui pensait en France ; elle a ainsi confondu le soutien électoral des intellectuels à la cause des socialistes avec la caution que délivrerait une conception du monde cohérente, rendant son succès inéluctable et salutaire. De là sa déception devant ce qu'elle est tentée de diagnostiquer comme un manque de suivi dans les idées, voire comme une versatilité des gens d'esprit.

Mais, en toute justice, il faut rappeler qu'il y a longtemps qu'on entend dire parmi ces gens-là que le message de l'intellectuel consiste dans une absence de message. Surtout parmi ceux qui viennent précisément du marxisme et ont été très tôt le fer-de-

34. V. *infra*, note 37, p. 39.

lance du combat pour une démocratie socialiste. Qu'on songe aux animateurs de *Socialisme ou Barbarie* qui concluent leur entreprise en 1956 sur le constat qu'il n'y a « pas de bonne parole à propager, de Terre promise à faire miroiter à l'horizon » (C. Castoriadis); ou bien aux protagonistes d'*Arguments* qui déclarent en 1962 que leur « rôle est d'annoncer qu'il n'y a pas de bonne nouvelle » (E. Morin). En rejetant le messianisme révolutionnaire et, avec lui, tout discours totalisant, les critiques de la bureaucratie puis du totalitarisme ont inscrit leur cause sous le signe de la désillusion. Nul ne peut dire si la domination prendra fin et la seule chose qui soit sûre, c'est que l'Histoire nous impose de résister de toutes nos forces. La forme du message est à elle-même son contenu, au risque de verser parfois dans la pure incantation. Comme le confesse Glucksmann : « Il est loin le souci de ne pas désespérer Billancourt, il s'agit désormais de ne pas désespérer soi-même. » On dira plus loin ce que fut l'apport de Michel Foucault dans la construction de la sensibilité politique contemporaine. En attendant, il est symptomatique de relever qu'à quelques mois de sa mort et dans le contexte d'un gouvernement de gauche pour lequel il semblait avoir milité, on le présente comme un penseur au-dessus de la mêlée. On découvre avec admiration qu'il a été l'un des premiers intellectuels à refuser d'annoncer quoi que ce soit qui puisse orienter l'action et on l'en félicite, tant le silence sur l'avenir paraît la vertu majeure[35]. Les maoïstes d'hier avouent qu'ils furent le jouet d'un quiproquo en croyant d'abord qu'il campait sur leurs positions et satisfaisait au mot d'ordre de « Résistance aux Pouvoirs ». Aujourd'hui désabusés mais ne regrettant pas de lui avoir emboîté le pas, ils comprennent la supériorité des mobiles du philosophe sur leurs propres raisons : eux croyaient précipiter la fin de l'Histoire et l'avènement d'une société sans classe tandis que Foucault « résistait » sans perspective, sur fond d'une atéléologie, d'un refus de prêter un sens à l'histoire totale — en quoi se justifiait par ailleurs sa recherche méthodique des discontinuités. Ces mêmes maos ont cessé à présent d'être prospectifs pour grossir quelquefois les rangs des réactifs.

---

35. Cf. *Le Magazine littéraire* de mai 1984 et notamment l'article de Christian Jambet.

Ils sont convaincus qu'il n'y a décidément plus de bonne parole à propager; certains doutent même qu'il y ait encore une réalité à dénoncer. Et Foucault est mort sage, selon eux, pour les avoir devancés.

De toute façon, l'époque n'aime plus les héros. Sans leur préférer forcément les anges, elle semble avoir à cœur de prêter à Tocqueville beaucoup de clairvoyance, lui qui annonçait qu'en démocratie, la volonté des grands hommes serait de plus en plus absente de l'histoire au profit de causes générales, agissant avec l'aveuglement d'un destin. Eloquent, sur ce point, le réexamen de la tradition historiographique concernant la Révolution française. Le pouvoir de gauche attendait beaucoup des historiens qu'il imaginait naïvement acquis en général à l'idée de progrès et soucieux de mobiliser le passé en vue de l'avenir. Certains propos tenus par Fernand Braudel, cette figure inaugurale de la Nouvelle Histoire que l'Académie française reçut en mai 1985, disent sans ambages combien la politique est chose futile aux yeux de qui embrasse le cours inexorable des choses : « La France vit sur une histoire qui coule d'elle-même. Vous voyez, ça n'est pas l'homme qui fait l'histoire pour moi, c'est l'histoire qui fait l'homme. Nous sommes sur une mouvance. Ce n'est pas l'écoulement de la Seine qui serait quelque chose de net. C'est une énorme masse en mouvement, si vous voulez, dans laquelle l'homme est presque toujours désarmé. Même le gouvernement. Si j'étais le maître d'un pays quelconque, j'agirais politiquement le moins possible. Je tâcherais de voir quels sont les courants profonds, ce qui se passe, ce qui est important. J'essaierais peut-être de faciliter tel ou tel mouvement, mais certainement pas de transformer la Seine pour qu'elle rejoigne la Loire (...) Quand on nous dit que c'est le gouvernement précédent qui est responsable de la crise, qu' « il faut lutter contre la crise », c'est de la blague. On ne lutte pas contre une marée d'équinoxe. Ce n'est pas possible. Si la crise a la gentillesse de changer de sens, et au lieu de submerger, se met à découvrir et se met à notre service, eh bien ce ne sera pas le mérite du gouvernement français. Même pas le mérite de la crise. Elle existe, c'est comme ça (...) Ma vision de l'histoire est pessimiste, parce que, dans la mesure où je limite l'action de l'homme, je rétrécis sa liberté. Je le sais, mais je suis pris dans le piège de ma propre pensée »[36]. Quel piège, en effet, qui ne laisse d'issue que l'abandon au hasard — ce que les philosophes appelleront, avec Heidegger, « le miracle de l'être » — ou bien la conjuration du temps — ce dont peut, par exemple, tenir lieu la nostalgie de la démocratie grecque et de son culte du conflit dialogué...

Parlant de culte, il vient à l'esprit que la gauche en quête de soutien discursif a sans doute méconnu celui que nos intellectuels désillusionnés ont fini par se vouer. Le culte de soi, la « narcissisation » des intellectuels, apparaît comme une réponse au discrédit jeté sur l'universel et à l'impuissance à affronter la tourmente du siècle. L'essor de l'individualisme a bel et bien partie liée avec ce discrédit et cette impuissance. En 1981, René Lourau, militant et théoricien de l'autogestion, publie *Le lapsus des intellectuels* (Ed. Privat) pour ramener d'une certaine façon les travailleurs de l'esprit à eux-mêmes. La généalogie de l'intelligentsia qu'il propose obéit, sans en avoir l'air, à la logique d'un rétrécissement de l'horizon militant : l'intellectuel s'est jadis perdu dans des causes universelles; il est volontiers devenu « organique » en se dévouant à quelque pouvoir politique et a fréquemment trouvé à agir au service d'un parti. Autant d'oublis de soi jugés aujourd'hui néfastes et qui imposent une nouvelle attitude afin d'éviter la régression facile vers le consentement à d'autres mandats sociaux : « L'implication », c'est-à-dire la réflexion sur soi menée à l'occasion de l'exécution des tâches sociales afférentes au métier ou à la vie civique. « Implication » qui enregistre la montée de l'exigence individualiste tout en supposant constante la volonté d'intervenir dans la sphère publique. Quelques mois avant l'élection de François Mitterrand, Max Gallo aurait donc pu lire chez Lourau l'invitation faite aux intellectuels de corriger leur « lapsus » en s'attachant à articuler leur quotidienneté avec les vicissitudes de leur vie socio-professionnelle. Signe des temps où se déchiffrent de nouvelles tentations : céder au plaisir de soi, échapper aux pièges de l'Universel ou au carcan d'un Etat-parti unique en se découvrant Narcisse et se mettre à l'écoute des échos suscités dans sa personne par les

---

36. F. Braudel, Entretien accordé à *Libération* le 30 mai 1985.

événements qui la traversent — au risque de s' « impliquer » jus-qu'au ressassement solipsiste.

L'individualisme n'est plus guère honteux et qui chantait hier *L'Internationale* découvre aujourd'hui qu'être révolutionnaire consiste avant tout à opposer sa subjectivité à la masse de ses sem-blables. La subversion est désormais dans la force d'inertie déployée contre l'homogénéisation sociale. Avec un peu de rhétorique, l'intellectuel méditant sur soi ébranlerait le système ! La gauche éternelle, celle qui s'insurge contre tout pouvoir, demeure ; mais l'ascèse du militant a résolument cédé la place à l'hédonisme et on accorde à présent qu'être moderne impose de conjuguer individu et liberté ainsi que d'accueillir ce que G. Lipovetsky nomme « l'ère du vide » comme une promesse d'accomplissement de soi[37]. Les religions du salut sont à peu près passées de mode puisque le salut, c'est maintenant et tout de suite. Lorsqu'on dit du philo-sophe qu'il découvre la sagesse, c'est pour le décrire jouissant de l'instant, libéré des utopies et jaloux de son désespoir. Mission de l'intellectuel en cette fin de siècle[38] ? Révéler le bonheur d'écrire, convoquer des maîtres comme Spinoza pour témoigner de l'imma-nence du salut et affirmer que la béatitude est toujours au bout de la nuit. En 1984, André Comte-Sponville s'est taillé un succès média-tique en proclamant qu' « il faut désespérer Billancourt », dire le hasard de toutes choses et la vanité de tout espoir, démontrer la nocivité de la fuite dans l'idéal et aussi la perniciosité de la politique qui nous contraint toujours à l'avenir[39].

1984 a célébré Orwell chez qui l'on a relu l'angoisse du temps qui vient : « Si vous désirez une image de l'avenir, imaginez une botte piétinant un visage humain... éternellement. » Comment nos actuels professeurs de sagesse ne nous détourneraient-ils pas de l'illusion prospectiviste ? « L'homme doit accepter sa vie comme

---

37. Cf. Gilles Lipovetsky, *L'ère du vide. Essais sur l'individualisme contemporain*, Galli-mard, 1984. Pour être précis, l'individualisme décrit par Lipovetsky sonne le glas de la modernité caractérisée par le souci du neuf à tout prix et par le désir de révolution. En ce sens, il inaugure la postmodernité, laquelle ne saurait réaliser un progrès puisque au contraire elle invoque comme salutaire une pratique des « retours » jadis fustigée : retour sur soi, sur la tradition, sur les valeurs confirmées, etc.

38. Cf. J.-M. Besnier, Les intellectuels : mission terminée ?, in *Raison présente*, 1984/73.

39. A. Comte-Sponville, *Le mythe d'Icare*, PUF, 1983.

une défaite face à l'idéal absolu »[40]. Que pouvait donc ajouter un pouvoir politique soucieux de confirmer une victoire qui promettait de changer la vie ?

Privés de la lanterne des intellectuels, les socialistes pouvaient évidemment gouverner, mais sans l'enthousiasme que portent les idées publiquement débattues. C'est pourquoi, survenant dans un régime qui doit affirmer sa crédibilité théorique, le silence qu'interrogeait M. Gallo était une affaire sérieuse. D'autant plus sérieuse si se révélait en lui cette désaffection pour l'avenir, cette absence de l'aspiration au meilleur par quoi se définit l'invention démocratique. La clôture du monde totalitaire n'est pas seulement spatiale, elle est aussi temporelle ; elle prouve qu'une société abdique sa liberté quand elle perd les moyens de se projeter dans le temps. C'est pourquoi Claude Lefort en appelle à « une politique qui légitimerait une tradition et lèverait des espérances, et qui aurait en même temps l'audace de revendiquer un avenir pour les peuples qui sont à présent sous le joug »[41].

Sans idéal régulateur pour l'action, la critique du temps présent perd son sens et l'apathie annoncée par Tocqueville engage irréversiblement les citoyens sur la voie de l'atomisation, de l'indifférenciation des points de vue et du tarissement de la communication. Les intellectuels ont endossé traditionnellement la responsabilité de formuler cet idéal, responsabilité évidemment morale pour autant qu'elle visait le futur. Ils feront défaut au pouvoir politique tant que celui-ci ne se résoudra pas au pur cynisme, c'est-à-dire à la simple approbation du *statu quo*. Léo Strauss pensait que la philosophie politique est en cours d'extinction depuis Machiavel et Hobbes et il caractérisait la modernité par le règne du positivisme qui voue au culte du fait accompli ruineux pour toute appréciation axiologique ainsi que par l'historicisme qui consacre la confusion de l'idéal et du réel. Sans céder à la nostalgie éprouvée par Léo Strauss pour un droit naturel susceptible d'offrir

40. Cf. Michel Cornu, *Existence et séparation*, Ed. L'Age d'homme, Lausanne, 1982, p. 270. V. aussi J.-M. Besnier, Une philosophie de l'existence pour notre temps ?, *Esprit*, 1984/1.
41. *L'invention démocratique*, Ed. Fayard, p. 38-39.

l'étalon transcendant à partir duquel juger des réalités historiques, Luc Ferry[42] entreprend une critique de la modernité qui hérite de telles analyses : il n'est pas de philosophie politique sans l'énonciation d'un devoir-être, de sorte que la tâche contemporaine paraît imposer la réfutation des sciences sociales dont le triomphe moderne nous borne au monde tel qu'il est en même temps qu'il cautionne la gestion d'un réel non soumis à la discussion. Après la critique des totalitarismes, il se pourrait que la relève soit assumée en ce sens par le refus du désenchantement et de la paralysie que provoquèrent les enquêtes aux pays d'où l'histoire s'est absentée. Le réalisme des intellectuels qui devait succéder aux prédications grandiloquentes se sera aussi bien traduit par cette vacance de l'expression de la volonté politique. Au point que, même vacciné contre l'eschatologie marxienne, on se surprend parfois à éprouver les impatiences de l'idéal baudelairien :

> « Car je ne puis trouver parmi ces pâles roses
> Une fleur qui ressemble à mon rouge idéal. »

---

42. Cf. *Philosophie politique*, Ed. PUF, coll. « Recherches politiques », 1984.

CHAPITRE II

Le pouvoir sans ailleurs

L'inspiration marxiste du « Projet socialiste pour les années 1980 », dont Jean-Pierre Chevènement fut le principal auteur, est admise par tous. Adopté par le Parti socialiste en 1980, il n'engageait pas formellement François Mitterrand, dont le programme officiel figurait dans les « Cent dix propositions » arrêtées, en janvier 1981, au Congrès extraordinaire de Créteil. L'exégète de ce texte moins largement diffusé ne peut toutefois manquer de reconnaître sa parenté avec le précédent. Dans un autre registre, bien distinct mais politiquement complémentaire, l'image de la « force tranquille » a joué un rôle considérable dans l'élection de François Mitterrand. Ceux qui l'ont choisi en effet ne voulaient assurément pas tous amorcer un processus irréversible de rupture avec le capitalisme. On mesure par ailleurs tout ce que le recours à un programme marxisant comportait d'habileté politicienne, au demeurant incontournable. Reste que le marxisme, comme la nationalisation prévue de neuf groupes industriels en témoigne, constituait la référence théorique centrale des socialistes français lorsqu'ils accédèrent enfin au pouvoir, après l'avoir frôlé à plusieurs reprises.

Or ce modèle, très vite, manifesta ses limites. Les dispositions auxquelles il portait, déjà étrangères à la sensibilité du plus grand nombre, s'avérèrent en outre sans prise sur les faits. Aussi l'appel de Max Gallo aux intellectuels était-il presque désespéré, puisqu'une idéologie marxiste aujourd'hui en déclin justifiait bien souvent leur militantisme.

Du moins pouvait-on fonder quelques espoirs sur le renouveau récent de la réflexion politique. Mais pour peu que l'on retrace le périple — dont il vient d'être brièvement question —, qui conduit de la désaffection du marxisme à la critique du totalitarisme, les raisons pour lesquelles la démobilisation et le désenchantement se répandirent sans rencontrer le moindre obstacle idéologique apparaissent mieux; tant ce périple en dit long sur le refoulement progressif et logique de toute volonté d'agir sur le cours des événements.

L'extraordinaire ingéniosité déployée par les marxistes pour isoler le bon grain de l'ivraie a quelque chose d'émouvant. Entrecroisement des relectures, des retours laborieux à une orthodoxie introuvable et des hétérodoxies sans principes, ce fatras définitivement fastidieux des querelles d'école n'intéressera bientôt plus que quelques étudiants en quête d'un sujet de thèse.

Reprenant une classification de Pierre Leroux[1], on pourrait distinguer, au sein de la cohorte, plusieurs espèces. Les disciples embaumeurs se font de plus en plus rares. Ils acceptent le mort dans son entier et le transforment en grande momie. Leur attitude est religieuse. Ils vénèrent les livres du maître comme la Sainte Ecriture et n'en retranchent pas une syllabe. Les pharmaciens pratiquent un syncrétisme incohérent, découpent le système en morceaux et combinent les parties conservées à des éléments empruntés à d'autres systèmes. Enfin certains allégorisent, ne voient pas ce qui est écrit chez leur maître et prétendent y voir ce qui n'y est pas. Pris en flagrant délit d'invention, ils évoquent une doctrine secrète...

Au vrai, ne faut-il pas distinguer, comme le proposent François Châtelet et Evelyne Pisier-Kouchner[2], deux marxismes, ou pour le moins deux interprétations nettement différenciées, l'une et l'autre cohérentes et plausibles, des écrits de Marx et d'Engels ? Par bien des aspects, le marxisme est une philosophie de l'histoire, dans la pure tradition du XIXe siècle, qui conduit à une eschatologie

---

1. Saint-simonien dissident, précurseur génial, Pierre Leroux (1797-1871) influença Georges Sand et Victor Hugo. L'article De l'individualisme et du socialisme, publié en 1834 dans la *Revue Encyclopédique*, consacre le mot *socialisme* dans l'usage.
2. François Châtelet, Evelyne Pisier-Kouchner, *Les conceptions politiques du XXe siècle*, PUF, 1981, p. 256-257.

et à « une lecture de l'évolution des sociétés comme déterminée par l'économie ». Cependant, aussi bien dans *Le Capital* que dans les analyses historiennes se manifeste un « autre » marxisme, qui insiste sur la contingence des actions, sur la complexité des organismes sociaux et sur le pouvoir créateur des agents historiques. Cette équivoque entraîne la diversité des lectures, l'accent étant mis tantôt sur le système, tantôt sur la méthode.

De manière analogue, Cornelius Castoriadis[3] sépare un élément révolutionnaire, qui éclate dans les œuvres de jeunesse de Marx, et un positivisme scientiste développé sous forme de système, mais ajoute aussitôt que le premier est resté à l'état d'intuitions jamais réellement élucidées. D'où une tâche immense : reprendre le projet d'émancipation humaine, en préciser le sens et les moyens. On comprend que d'autres aient jugé plus astucieux de s'en déprendre, et plus rentable d'arborer à bon compte les chatoyantes soieries de l'anticommunisme mondain. De là cette floraison de staliniens repentis qui jouent les anges exterminateurs, capables de débusquer la moindre pousse de Goulag dans le gazon démocratique.

Spectacle affligeant que celui de l'agonie des sectes marxistes, marquée, à l'image de celle du P. Thibault chez Roger Martin du Gard, de cruelles rémissions, entrecoupée de propos indignes... On comprend le succès des pourfendeurs du machiavélisme au moins embryonnaire de tout Etat. On voit aussi qu'une gauche au pouvoir n'a pas grand-chose à tirer de ce choc de vertus offensées. Aussi bien n'est-ce pas de ce côté de la scène — celui où s'agitent encore les derniers irréductibles du marxisme en butte aux révélations des tenants de l'ex-nouvelle philosophie — que cette gauche peut glaner quelque inspiration.

L' « effet Foucault »

Cependant, parallèlement, un travail philosophique considérable était mené, débattu, vulgarisé sans démagogie, alimentant indirectement le débat des professionnels de la politique.

---

3. Cornelius Castoriadis, *L'institution imaginaire de la société*, Le Seuil, 1975, p. 76-77.

En premier lieu celui de Michel Foucault. L'*Histoire de la folie à l'âge classique*, *La naissance de la clinique*, puis *Les mots et les choses* et *Surveiller et punir* ouvrent un domaine de recherches jusque-là méconnu, en situant le problème du pouvoir dans une perspective parfaitement originale. La nouveauté de l'approche fut d'emblée perçue par ceux qu'elle dérangeait le plus, les psychiatres. Quinze ans après la parution de *La naissance de la clinique*, Foucault recevait encore des lettres d'injures, derniers résidus du scandale passé, de la blessure insupportable. Qu'avait-il donc dévoilé qui puisse lui valoir une si tenace animosité ? Avant tout que de multiples liens associent répression pénale et techniques médicales, que l'enfermement asilaire, en distinguant les fous des autres marginaux, rend possible le déploiement du discours psychiatrique. Ainsi, dégager la spécificité de la folie au sein de la délinquance revient à instaurer simultanément le savoir psychiatrique — discours de la raison sur la folie —, et l'asile comme lieu d'internement spécialisé à la disposition d'une société menacée sournoisement. Ultime avatar du partage délicat entre folie et raison, l'asile est l'instrument d'une mise à distance de la folie autrefois dévolue au mépris ou au rire. L'altérité radicale de la déraison est un mol oreiller pour les formes de rationalité connues et déclarées. Cette tentative pour penser une mutation sociale fut reçue comme la mise en accusation d'une corporation. La polémique n'exclut pas l'analyse : les vraies questions affleurèrent. Un thème était repéré, tenu pour fondamental : savoirs et pouvoirs s'articulent étroitement, et de leurs intimes connexions naissent les figures d'un temps.

Une lecture contestataire des premières œuvres de Michel Foucault prévalut : si l'action révolutionnaire signifie en effet un combat permanent sur tous les fronts, s'il s'agit de faire disparaître, outre l'exploitation économique, toutes les aliénations psychologiques, sexuelles, culturelles, idéologiques, une théorie des pouvoirs permet de penser de façon cohérente la pluralité des luttes, et la prise en compte de lieux de conflit nouveaux, ou bien tenus à l'écart par les directions syndicales. Et tout d'abord la mobilisation de détenus, dans le sillage de Michel Foucault lui-même qui crée en 1971, quatre ans avant la parution de *Surveiller et punir*, le Groupe d'Information sur les Prisonniers (GIP), avec Jean-Marie Domenach et Pierre Vidal-Naquet. La méthode de Foucault semble fournir un fondement pour ce militantisme et pour le travail théorique qui l'accompagne. Le mouvement de Mai était profondément anti-léniniste dans son organisation éclatée en petits comités et dans sa pratique révolutionnaire, mais la mise en question de la prison et de l'asile n'était pas vraiment à l'ordre du jour. Paradoxalement, c'est, comme Sartre, en liaison avec la gauche prolétarienne, groupe hyper-hiérarchisé et reprenant les idées léninistes traditionnelles touchant l'organisation d'un parti d'avant-garde que Foucault devient une figure marquante du nouveau militantisme : en 1970, en effet, la gauche prolétarienne avait besoin du régime politique pour ses militants détenus. L' « effet Foucault »[4], cependant, se fit rapidement sentir : un nouveau type de mobilisation sur la question pénitentiaire se développa, donnant la parole aux détenus et aux ex-détenus, aux condamnés de droit commun comme aux autres. Dès lors qu'elle ne restait plus secrètement obnubilée par une idée désuète de la Révolution, principe d'articulation entre les différents fronts, la pensée contestataire pouvait parfaitement se retrouver et se préciser au contact des analyses foucaldiennes. L'effondrement de l'ex-gauche prolétarienne sanctionnait bientôt la fin d'une forme dépassée d'analyses globalisantes. Désormais la démarche transversale de Foucault pouvait pleinement se déployer : un nouveau schéma était disponible, et sa fécondité allait se révéler considérable.

Tirer les leçons de 1968, dans les années soixante-dix, c'était renoncer à la belle simplicité de la lutte contre le pouvoir d'Etat sans encore faire son deuil de pratiques et d'analyses résolument révolutionnaires. Or Foucault permettait de penser autrement le pouvoir. On comprit que celui-ci était le tissu de la réalité sociale, qu'il s'insinuait dans les pratiques quotidiennes, empruntant des voies singulières... Il devenait absurde d'évoquer le pouvoir en tant que tel, comme s'il s'agissait d'une propriété détenue par un homme ou une classe, alors qu'il s'avérait être le quadrillage de l'existence par des dispositifs, des tactiques, des fonctionnements qui relèvent

---

4. L' « effet Foucault », c'est-à-dire le mode sur lequel les militants d'extrême gauche ont reçu la pensée de Michel Foucault et l'ont commentée dans l'action.

d'une microphysique et ne se « localisent pas dans les relations de l'Etat aux citoyens »[5], comme ils ne se réduisent jamais à la mise en place d'un jeu d'interdictions. En ce sens le film de Jean Eustache, *Mes petites amoureuses*, était splendidement foucaldien par sa description de l'investissement politique des corps. Corps investis, c'est-à-dire dressés, répertoriés, traversés par les rapports de pouvoir et amenés à une série d'effets positifs. Appliquée à des champs multiples de la société, de la caserne à la prison, de l'usine à l'hôpital et à l'école, cette démarche éclaire des luttes locales et inspire une foule de travaux théoriques, comme elle donne lieu à des dévoiements évidents. Ne parlons pas d'un certain ressassement, le thème de l'articulation des formes d'exercices des pouvoirs en fonction de savoirs spécifiques se prêtant à des variations inépuisables. Mais surtout le rapport entre les œuvres théoriques de Foucault et les prises de position qui prétendent s'en inspirer est rien moins qu'évident, de sorte que les pratiques contestataires se trouvent parfois en porte à faux dès lors qu'elles prétendent déduire une ligne politique des analyses foucaldiennes.

Foucault déçoit l'attente militante, il ne vient pas au rendez-vous qu'un unanimisme gauchiste factice voudrait lui fixer sans consultation. De là quelques méprises. Tirant prétexte de la fameuse articulation du pouvoir sur le savoir, on secoue quelques vieux professeurs poussiéreux... et l'on se voit rappeler qu'il « faut être bien naïf pour s'imaginer que c'est dans le mandarinat universitaire que culminent les effets de pouvoir liés au savoir »[6]. Ou bien, arguant de l'indissociabilité de la question du pouvoir et de celle des résistances aux pouvoirs, on rétablit l'opposition et la séparation des deux termes en un manichéisme facile qui exalte la figure du résistant. Foucault répond : « La résistance au pouvoir n'est jamais en position d'extériorité par rapport au pouvoir »[7]. Effets de la bêtise et de la malhonnêteté ? Piètres résultats d'entreprises visant à s'emparer à moindres frais d'une pensée sans aveu ? Aragon — celui du *Traité du style* — ne mesurait-il pas « l'influence et la force d'un esprit

5. Cf. Michel Foucault, *Surveiller et punir*, Gallimard, 1975, p. 32.
6. Michel Foucault, Entretien avec J.-J. Brochier, in *Magazine littéraire*, n° 101, juin 1975.
7. Michel Foucault, *La Volonté de savoir*, Gallimard, 1976, p. 126.

à la quantité de bêtises qu'il fait éclore » ? Explications insuffisantes pourtant, l'équivoque vient de plus loin, et l'entretien avec Michel Foucault publié dans *Les Révoltes logiques* en 1977, tout en disqualifiant les interprétations abusives, la laisse subsister. Foucault y récuse la dénonciation systématique de tous les pouvoirs, l'éclectisme accueillant des pourvoyeurs d'indignation : en 1977, on le sait, il n'est bruit que de nouvelle philosophie. Surtout, l'auteur de l'*Histoire de la folie* refuse la mise en parallèle du renfermement de l'âge classique et de l'institution Goulag, et ironise sur les porte-parole d'une insaisissable "plèbe", cible constante et constamment muette des dispositifs du pouvoir. Reste qu'à la question de savoir comment lier la critique des technologies de normalisation et la lutte contre le Goulag soviétique, « péril historiquement montant », il reconnaît ne pas avoir de réponse. De même s'il propose, sans formuler de « systématicité globale», de repérer les liaisons et les extensions des mécanismes de pouvoir pour édifier de proche en proche un savoir stratégique nécessaire à la lutte politique, on serait bien en peine de dégager les linéaments d'une telle stratégie dans son œuvre et dans ses prises de position. De sorte que l'émiettement des résistances répond aux procédures dispersées et locales de pouvoir, sans que leur entrecroisement dessine des faits généraux de domination suffisamment cohérents et unitaires pour que le militantisme puisse valablement persévérer dans son effort latent ou avoué pour retrouver, par-delà la réalité de la domination, les détenteurs d'un pouvoir tentaculaire.

On l'a dit, le pouvoir selon Michel Foucault n'est pas conçu comme une propriété : aussi n'est-il la propriété de personne. Son effet d'ensemble ne porte pas la marque d'un « état-major qui préside à sa rationalité »[8]. Mais pour combattre une illusion métaphysique et politique classique, celle qui porte à juger qu'il n'y a pas plus de domination sans personnage tyrannique que d'horloge sans horloger et que de créatures sans Créateur, cette pensée ne verse-t-elle pas dans une illusion symétrique ? En dégageant une rationalité inscrite dans l'ordre des choses et une stratégie sans sujet, ne dépossède-t-elle pas l'action politique de tout sens ?

8. Michel Foucault, *La Volonté de savoir*, Gallimard, 1976, p. 125.

Pour n'être pas en position de toute-puissance virtuelle à l'égard d'un pouvoir qu'il suffirait de conquérir, le militant en est-il réduit à la reconstitution, tenue à l'avance pour inépuisable, des réseaux de pouvoir et des strates de savoir qui conditionnent son action ? Ces questions furent, dès 1971, posées par Henri Lefebvre. On sait que *Les Mots et les choses* apportèrent la célébrité en 1966 à Michel Foucault. Très vite, Henri Lefebvre, lecteur critique et anti-structuraliste de cette œuvre majeure, entreprit d'établir que la démarche de Foucault, permettant de faire l'histoire de la folie ou de la prison en traitant sur le même plan les théories, les institutions et les pratiques, d'étudier conjointement le système péni-tentiaire carcéral et la criminologie, ou l'asile et la psychiatrie, repose tout entière sur la recherche des conditions qui les rendent possibles, sur le travail par lequel il définit le sol où s'enracinent les possibilités de penser tel ou tel objet selon des modalités propres à une époque donnée. Ce qu'il nomme « épistémé » est ainsi à l'œuvre en tout discours et en toute pratique, et l'archéologie, science de l'épistémé, dévoile le réseau contraignant des discours momentanément possibles. Dans cette perspective, relève Henri Lefebvre : « A chaque époque, la façon, dont les gens réfléchissent et vivent est commandée par une structure théorique. » Ainsi se trouvent-ils dépossédés d'une initiative dont on ne s'étonnera pas qu'elle vienne bientôt à manquer sur le plan de l'action politique. Henri Lefebvre montre que cette systématisation structuraliste se fonde sur l'étude du langage, Michel Foucault passant du structuralisme comme méthode à un panstructuralisme philosophique. A l'hypothèse méthodologique, retenue pour ses vertus heuris-tiques, selon laquelle la linguistique doit fournir un modèle d'intelligibilité aux sciences sociales, vient se joindre la thèse d'une détermination du statut des membres d'une société, et du mode d'existence d'un ensemble social, par le langage conçu comme système. Au passage, tout référentiel disparaît : le langage ne ren-voie plus qu'à lui-même. Non seulement l'individu et son « vécu » sont disqualifiés par l'archéologie pourvoyeuse d'intelligibilité, mais l'ordre des situations et des groupes dans la globalité sociale devient le simple produit du langage. L'ensemble des œuvres humaines, référent en fait obligé de tout système, est escamoté.

Dès lors les pouvoirs du langage se substituent à « l'historicité, présumée pourrissante »[9]. La notion d'une historicité fondamentale, constitutive de l'être humain qui se crée, « qui se forme... par son travail et son action, dans ses produits et dans ses œuvres »[10], disparaît complètement. Lorsque les subjectivités se réduisent ainsi à un bref et illusoire scintillement sur fond de système absolu, la lutte politique perd son sens, et ses enjeux s'effacent « comme à la limite de la mer un visage de sable »[11].

Le thème foucaldien de la « mort de l'homme » étayerait donc les courants structuralistes qui traversent la linguistique et l'anthropologie. Foucault, après Lévi-Strauss, célébrerait la mort du sujet dans l'avènement des structures. Est-ce parce qu'il prend acte des objections venant aussi bien de Henri Lefebvre que de Paul Ricœur ou de Mikel Dufrenne que Michel Foucault, dans son œuvre ultérieure, en vient à préciser que cette dénonciation de l'illusion d'un sujet transparent à lui-même n'était pas assimilable à une pure et simple évacuation du sujet ni à une disqualification du problème des fins de l'action ?

Non seulement, comme le constate R. Maggiori[12], un Foucault *new-look*, celui de *L'usage des plaisirs*, refuse de faire l'économie de « la question de la morale» et du problème du sujet, mais l'auteur des *Mots et les choses*, revenant sur l'ensemble de son œuvre, assure que c'est le sujet et non le pouvoir, qui a constitué le thème principal de ses recherches, étant entendu qu'il s'agissait d'étudier « l'ensemble des processus par lesquels le sujet existe avec ses différents problèmes et obstacles et à travers des formes qui sont loin d'être terminées »[13].

Luc Ferry et Alain Renaut[14] instruiraient-ils un mauvais procès en déduisant de la critique foucaldienne de la subjectivité l'énoncé d'une position radicalement anti-humaniste ?

---

9. Henri Lefebvre, *L'idéologie structuraliste*, Ed. Anthropos, coll. « Points », 1971, p. 72. Signalons que cet ouvrage reprend cinq textes parus sous le titre significatif : *Au-delà du structuralisme*, Anthropos, 1971.

10. *Ibid.*, p. 54.

11. Michel Foucault, *Les Mots et les choses*, Gallimard, 1966, p. 398.

12. Robert Maggiori, *Libération* du 15 juin 1984.

13. Cf. M. Foucault, Entretien avec G. Barbedette et A. Scala, *Les Nouvelles littéraires*, 28 juin - 5 juillet 1984.

14. L. Ferry, A. Renaut, *La Pensée 68. Essai sur l'anti-humanisme contemporain*, Gallimard, 1985.

En réalité, à mesure que s'affirme le projet des auteurs de *La Pensée 68*, le chapitre qu'ils consacrent à Michel Foucault paraît singulier. La minutie de leur lecture tranche en effet avec un certain schématisme dans sa conclusion. La vivacité des griefs qu'ils expriment à l'encontre du « retour du sujet » qu'opère l'œuvre terminale de Michel Foucault a quelque chose d'impondéré, comme si elle reflétait le parti pris d'ignorer que l'auteur qu'ils critiquent a voulu, comme eux, « penser le sujet *après, et non pas contre*, les diverses découvertes de l'inconscient »[15]. Refusant de prendre au sérieux la figure d'un « Foucault *new-look* », ils choisissent de dévoiler dans son entreprise une constante « haine de l'universel » qui le contraint à refuser dans la subjectivité la conscience de principes intangibles et à la réduire à un « individualisme soixante-huitard ». De sorte que Michel Foucault paraît jusqu'au bout empêtré dans les rets du relativisme nietzschéen et porté à répéter au mieux l'invitation heideggerienne à faire retour aux Grecs[16]. Reste que l'analyse qu'ils offrent ne parvient pas à effacer le sentiment que l'évolution de Foucault révèle la lucidité d'une pensée qui, après avoir proclamé « la mort du sujet », entreprend de manière inédite la généalogie du « souci de soi » moderne.

Ainsi vont les malentendus. Quinze ans après, la critique antistructuraliste de Henri Lefebvre, qui ignore évidemment l'évolution ultérieure de la pensée de Foucault, reste cependant porteuse d'une interrogation utile : sous prétexte que le temps a déçu, que le sens de l'histoire autrefois proclamé fait figure d'imposture, ne rejette-t-on pas, un peu vite, toute pensée de l'histoire ? après les vanités posthégéliennes des marxismes, le temps est venu d'une raison plus modeste. Faut-il, pourtant, parce que nous en sommes instruits, renoncer à penser le mouvement de notre époque ? Sans prétendre à un savoir total et absolu, ne peut-on pas viser le tout de la société, et donc le problème de la politique, s'il est vrai qu'il est celui de l' « institution globale de la société »[17] ?

15. Luc Ferry, Alain Renaut, *Le Matin*, 23 janvier 1986.
16. Luc Ferry, Alain Renaut, *op. cit.*, p. 162.
17. Cornelius Castoriadis, Illusion du système, illusion de la spécialisation, in *Esprit*, n° 9-10, sept.-oct. 1979.

L'itinéraire politique de Claude Lefort

La trajectoire politique et théorique de Claude Lefort pourrait servir d'exemple pour la description de la genèse d'une telle tentative, définie d'abord négativement par le refus du renoncement et la persistance d'un projet politique d'émancipation humaine. Les contributions des membres du groupe qui s'exprime dans la revue *Libre* de 1977 à 1980 composent la conclusion provisoire, en forme de retour à la question du politique, d'un travail commencé par Lefort et Castoriadis dès la fin de la seconde guerre mondiale. Il est aisé de faire apparaître l'extrême importance de leurs travaux, que l'on peut regrouper sous le titre général de « Critiques du totalitarisme ».

Premier mérite que Claude Lefort se plaît à rappeler, celui d'avoir compris avant les autres. La lucidité est une qualité qu'il confesse et professe, rappelant la belle précocité de ses ruptures : séparation d'avec les trotskystes dès 1947, abandon du marxisme en 1958 avec la fin de *Socialisme et Barbarie*, vingt ans donc avant d'entendre les nouveaux philosophes « échafauder à la hâte de sublimes opinions »[18]. Mais perdre ses illusions n'est pas gagner sa vérité : le récit des désenchantements amers n'élucide pas nécessairement ce qu'il dévoile. Le véritable intérêt de cet itinéraire est théorique, deux thèmes focalisant une série d'approches nouvelles : le premier est celui de la bureaucratie — en premier lieu soviétique —, de sa formation et de sa nature; l'autre se définit progressivement comme celui de la question du politique en tant qu'interrogation radicale jadis recouverte par un discours démocratique — notamment de gauche —, d'une naïveté jusqu'ici insoupçonnée.

La question de la nature de la bureaucratie soviétique est à l'origine de la rupture de Claude Lefort avec le Parti communiste internationaliste : l'analyse trotskyste est alors jugée inacceptable, parce qu'elle maintient la fiction d'une dégénérescence purement politique d'une société dont les fondements économiques seraient

---

18. Claude Lefort, *Eléments d'une critique de la bureaucratie*, Gallimard, coll. « Tel », 1979, p. 22.

d'ores et déjà socialistes. En réalité — et en cela Claude Lefort empruntait une voie ouverte par Cornelius Castoriadis —, il est clair que la soi-disant caste bureaucratique soviétique est bien une classe dirigeante, dont la domination s'appuie sur les mécanismes économiques propres au capitalisme d'Etat établi en Union soviétique. La critique du socialisme réel s'affranchissait ainsi des limites du genre, c'est-à-dire de la référence obligée à Staline, au culte dont il fut l'objet et à sa politique.

Penser le système suppose que l'on prenne en compte l'indissociabilité du régime politique et social et du régime économique. Puisque l'Etat concentre tous les pouvoirs entre ses mains, définit quantitativement et qualitativement la production, fixe le travail et les revenus de chacun, les rapports de domination politique et d'exploitation économique s'imbriquent dans un système bureaucratique au sein duquel il est vain de distinguer une infrastructure économique restée miraculeusement à l'écart du totalitarisme établi. Ce qui va de soi, aujourd'hui, pour tous, à l'exception des derniers adeptes de la secte communiste, constituait à l'époque une sérieuse percée dans le dogmatisme ambiant. Entre camarades, les vieux refrains s'entonnaient encore : en ingurgitant la potion magique — l'abolition de la propriété privée personnelle des moyens de production —, une société devenait capable, tôt ou tard, d'accomplir des miracles... Penser la bureaucratie comme classe n'était pourtant pas incompatible avec le maintien des préjugés marxistes ordinaires, l'entreprise revenant à faire fonctionner une analyse des luttes de classe au sein d'une société à nouveau divisée en classes antagonistes, prolétariat contre bureaucratie, nouvel épisode d'une vieille histoire...

Rétrospectivement, on doit pourtant reconnaître que les éléments de la rupture de 1958 sont réunis dès cette époque, l'examen sans œillères du phénomène bureaucratique venant déplacer puis bousculer les catégories du banal credo marxiste. La finesse des descriptions périmait les explications toutes faites. A bien y regarder, si la classe bureaucratique exploite bel et bien les ouvriers qu'elle domine politiquement, la mise en évidence de l'exploitation au niveau des rapports de production ne suffit pas à nous renseigner sur sa nature. On ne peut donc pas lire les analyses de Claude Lefort dans une perspective platement orthodoxe qui l'inscrirait sans ambiguïté dans le camp du matérialisme historique : il n'est pas le plus cohérent des trotskystes, venu dépasser l'œuvre du maître par fidélité à la méthodologie marxiste. Après la mystérieuse notion trotskyste d'un mode de répartition des richesses demeuré bourgeois dans le cadre d'une organisation socialiste de la production, il ne vient pas rétablir la belle ordonnance marxiste de la détermination en dernière instance par les infrastructures économiques en révélant les bases matérielles de la domination politique des bureaucrates. La classe bureaucratique, en effet, n'est pas à proprement parler une classe bourgeoise, et l'articulation de sa domination politique et de son pouvoir économique est originale. La classe bourgeoise résulte des activités économiques de ceux qui la composent, son existence est sous-tendue par un déterminisme économique. Par contre, les bureaucrates forment une classe par leurs fonctions : leurs statuts les relient à un foyer de direction qui détermine la production. Loin de conforter le schéma courant, Claude Lefort radicalise la question politique de la domination masquée par le dogme marxiste. Mais il ne s'agit pas non plus d'un simple retournement, puisque la question du politique qui commence ainsi à réapparaître n'est plus celle des fameuses « superstructures ». L'accent est mis sur la nécessité de penser l'articulation de la domination et de l'exploitation dans le contexte nouveau d'un phénomène inconnu de Marx, le totalitarisme, terme courant sous la plume de Lefort dès 1956.

Penser le phénomène bureaucratique faisait ainsi resurgir la question du politique. La disqualification de la vulgate marxiste était en effet devenue la condition préalable d'un renouvellement des analyses politiques, puisque l'économisme encombrant auquel le dogme marxiste s'était réduit y faisait obstacle. En marquant l'irréductibilité — en dépit des relations qu'elles entretiennent —, de la domination politique à l'exploitation économique, la problématique de Claude Lefort restituait un sens à l'action politique tout en la délivrant de l'espoir chimérique d'une émancipation attendue de l'application mécanique d'un schéma préétabli. En outre, l'analyse de la bureaucratie soviétique n'était pas sans retentir sur la description de la bureaucratisation des sociétés occidentales.

Des tendances bureaucratiques se dessinent, en effet, à l'échelle mondiale. L'Etat intervient de façon de plus en plus étendue dans la vie économique et des couches sociales dont la position n'est plus liée au capital privé assurent leur emprise grandissante au sein des sociétés occidentales : la classe dominante n'est plus la classe bourgeoise telle qu'elle se définissait au XIXe siècle. Les dominés, eux, sont-ils toujours les prolétaires ? Lefort l'admit jusqu'en 1958, la bureaucratie se substituant à la bourgeoisie face à un prolétariat dont la position restait inchangée, et en lequel il persistait à voir l'instrument privilégié de la mise en place d'une société délivrée de tout organe de domination. Mais la prise en compte de la transformation du mode de domination impliquait une « profonde modification des termes antagonistes décrits par Marx et, par conséquent, appelait une révision du modèle dans lequel il prétendait définir la réalité dernière de la société »[19]. La révision fondamentale intervint au niveau de cette notion de totalitarisme par laquelle Claude Lefort désignait en fait l'impossibilité de penser le phénomène bureaucratique en URSS au moyen de catégories marxistes, et insistait sur cette étrange mainmise de l'Etat sur la totalité des relations sociales, comme si l'objectif ultime résidait dans une incorporation de la société à l'Etat.

On touche, là, au second grand thème travaillé par Lefort : la question du politique. Par ce biais, c'est toute la compréhension du totalitarisme, de la démocratie et de leurs liens paradoxaux qui fut renouvelée.

Le temps fort de ce resurgissement d'un questionnement longtemps tenu pour périmé fut la réédition, en 1978, du *Discours de la servitude volontaire* d'Etienne de La Boétie, précédé et suivi de commentaires et d'analyses de Miguel Abensour, Marcel Gauchet, Pierre Clastres et Claude Lefort[20].

Tout écolier français connaît quelque peu Etienne de La Boétie. Dans les manuels de littérature, au chapitre consacré à Montaigne, une phrase évoque immanquablement l'amitié de l'auteur des *Essais* pour celui du *Discours*. Précisément, c'est la lecture du *Discours* qui

---

19. Claude Lefort, *Eléments d'une critique de la bureaucratie, op. cit.*, p. 365.
20. Etienne de La Boétie, *Le Discours de la servitude volontaire*, Payot, 1978.

fit naître en Montaigne le désir d'en connaître l'auteur, et il nourrit longtemps le projet d'inclure l'œuvre de son ami au milieu de ses *Essais*. Œuvre sinon oubliée, du moins de second plan, *Le Discours de la servitude volontaire* est rarement exposé au premier rang d'une bibliothèque de philosophie politique. Pourquoi, tout à coup, un tel intérêt ?

La question posée par La Boétie, en sa feinte naïveté, est celle du pouvoir politique : Pourquoi les hommes obéissent-ils à un seul, le servent, veulent le servir ? Pourquoi acceptent-ils de se soumettre au pouvoir de l'Etat ? Sa seule puissance n'est-elle pas celle qu'ils lui prêtent ?

A l'évidence, l'interrogation de La Boétie est convoquée à des fins jugées politiquement décisives, puisqu'il s'agit de la compréhension du phénomène totalitaire et du pouvoir exorbitant détenu par un despote divinisé, Staline.

Le premier volume de *L'archipel du Goulag*, l'œuvre majeure de Soljénitsyne, est publié à Paris en décembre 1973. Le retentissement considérable d'une œuvre dont la rédaction même est un fait de résistance, les descriptions des camps soviétiques ainsi révélées au grand public, la persistance enfin — chez les commentateurs restés fidèles au marxisme — d'analyses qui excusent le stalinisme en invoquant les circonstances difficiles de la naissance de la mère patrie du socialisme, incitent Claude Lefort, dans *Un homme en trop*[21], sous-titré précisément *Réflexions sur l'archipel du Goulag*, à revenir sur les mécanismes par lesquels tous les appareils de l'Etat refluent vers une source unique, l' « Egocrate ».

Comment un seul homme peut-il concentrer toute la puissance sociale ? Telle est bien en effet la question posée par La Boétie. Soulignons d'abord qu'elle implique, en son temps, un déplacement remarquable des formulations traditionnelles du problème politique. La question fondamentale, reçue de Platon et d'Aristote, est celle du meilleur régime politique. En ce milieu du xvie siècle, La Boétie s'écarte délibérément de la problématique classique. Peu lui importe, en un sens, de savoir si un royaume a été acquis par la

---

21. Claude Lefort, *Un homme en trop. Réflexions sur l'archipel du Goulag*, Paris, Le Seuil, 1976.

conquête, l'élection ou selon le droit de succession. A la fois proche de Machiavel et opposé à lui, il ne se soucie guère de distinguer le monarque du tyran. Le Florentin avait défini, le premier, la conception moderne de la politique en substituant l'examen des conditions de fondation et de conservation de l'Etat à la question classique de la légitimation d'un régime politique. La Boétie est un anti-Machiavel. Pas plus que les mérites comparés de l'aristocratie et de la monarchie, le recours princier à la force ou à la ruse, la description machiavélienne de la technique politique n'est son propos. Pour lui, pour lui seul en son temps, le pouvoir — tout pouvoir — est haïssable, il n'y a pas de meilleur régime, la domination d'un ou de plusieurs hommes sur les autres étant essentiellement blâmable. L'opposition massive de la domination et de la liberté réintroduit la question politique dans sa pureté : la politique, selon des modalités certes diverses, est toujours le lieu d'une division, d'un conflit entre des dominants et des dominés, d'une servitude. L'audace de La Boétie est de résister à l'évidence de l'Etat. Il questionne ce qui va de soi, la nécessité d'un pouvoir d'Etat dont on peut assurément varier les formes, mais dont le principe ne souffre généralement pas de remise en question. Pour La Boétie, toute société divisée est une société de servitude, toute relation de pouvoir est oppressive. Même si des degrés dans l'asservissement sont indéniables, l'opposition essentielle se fonde sur la présence ou l'absence d'un pouvoir d'Etat, d'une division entre dominants et dominés.

Or, pour La Boétie, la division n'est pas une structure ontologique mais l'effet d'un événement malheureux. Avant cette « malencontre » se déployait une société sans oppression. De quelle antériorité s'agit-il ? Que vaut ce savoir historique *a priori* ? Pierre Clastres, dans son commentaire du *Discours*, relève que de telles sociétés ont bel et bien existé et qu'un savoir positif peut relayer la déduction logique : les sociétés primitives, objet privilégié de l'ethnologie, sont en effet des sociétés sans Etat. Pierre Clastres souligne que ces sociétés seraient plus justement nommées « sociétés contre l'Etat ». Si les sociétés primitives ignorent l'Etat, c'est, soutient-il, parce qu'elles n'en veulent pas, parce qu'elles ne cessent d'empêcher la relation de pouvoir de naître et de se développer.

Reste que ces sociétés sans Etat sont aussi des sociétés sans nulle innovation et donc sans histoire. Leur loi primordiale est de ne rien changer, et tout désir individuel qui viendrait la transgresser est proscrit. A moins de verser dans une vaine nostalgie, la séduction de l'interrogation boétienne semble faire long feu : sans être nécessairement impossible, une société sans Etat est d'autant moins pour demain qu'elle est d'avant-hier. Sauf à transposer la question au niveau de l'éventualité et de l'intérêt d'un Etat mondial, le commentaire de Clastres, s'il autorise un autre regard sur la réalité des sociétés à Etat, ne permet pas, semble-t-il, de dégager l'enjeu actuel des analyses boétiennes.

Peut-on aller au-delà de cette caution anthropologique apportée à la déduction boétienne ? En s'attachent à la forme du *Discours*, à son tissu, Claude Lefort parvient à dégager d'autres significations.

Selon La Boétie, la servitude des hommes, paradoxalement, est volontaire. Il suffirait donc pour être libre de désirer la liberté. Réponse à la fois logique et naïve, dont l'insuffisance apparente est sensible : « Comment penser, relève Lefort, que le tyran, sa police, son armée, toutes ses forces s'évanouissent sous le seul effet du refus de servir ? » Aux dominés, interroge-t-il, le refus est-il possible quand, « désunis, la violence s'abat sur eux » ? « Comment, sans transitions, sans efforts, sans organisations, pourraient-ils agir de concert ? »

La Boétie, cependant, révèle que les hommes ne vivent pas dans la servitude parce qu'ils sont contraints par une plus grande force, mais parce qu'ils sont comme envoûtés par le « nom d'Un »... Ce n'est pas même le Prince qui charme le Peuple, mais son nom, le nom d'Un. Entendons que les attributs de sa puissance n'importent pas en la matière. Quand bien même il n'aurait pas seulement l'apparence d'un homme, ne serait qu'une femmelette — un « hommeau » —, il n'en serait pas moins le maître. « Le nom d'Un n'est pas le nom de quelqu'un, tout maître y est épinglé », dit Lefort.

Quel sens accorder à cette promotion mystérieuse d'une expression que Lefort rehausse d'une majuscule ?

Les peuples insensés s'abandonnent à la servitude, et la force des maîtres est bien celle de leurs sujets, retournée contre eux. Mais au principe de ce retournement, La Boétie pointe le passage du pluriel au singulier, des hommes au peuple : la fiction du singulier,

le nom d'Un transmue le corps visible du tyran en un corps sans
égal, figure séparée du pouvoir qui répond fantastiquement à celle
du peuple Un, de la société rassemblée et possédant une identité
organique. La force du tyran est d'incarner le corps social pensé
dans son unité. Le *Discours*, tel que Claude Lefort le commente,
révèle donc que le pouvoir du tyran, de l'Un, est corrélatif de la
constitution de l'Autre, de la société qui s'incarne et qui nie sa pluralité en s'engouffrant dans l'Un. On peut dès lors préciser l'actualité de cette analyse, son intérêt pour penser la démocratie et le
totalitarisme.

Le devenir-totalitaire des démocraties

Entendre la question de La Boétie revient, en définitive, à
repérer la division par laquelle s'institue le social. Une société se
représente sa propre unité dans l'Etat qui émane d'elle et qui, en
retour, assure la régulation des conflits qui la traversent. L'Etat ne
peut réduire à néant la vivante diversité qu'il lui appartient d'harmoniser sans verser dans l'autoritarisme. En termes plus abstraits,
l'idée est clairement exposée par Marcel Gauchet : La société ne
s'affirme qu'en s'opposant à elle-même, en se faisant l'Autre
de cet Un, en projetant son unité hors d'elle-même, en un
pouvoir politique séparé qui s'exerce sur elle. Ainsi, « le social se
constitue dans le politique selon ces deux axes de la séparation
d'un pouvoir et de la lutte des hommes autour de la divergence de
leurs intérêts »[22]. La fonction du pouvoir est donc de produire une
identité dans la pluralité sociale, de signifier aux membres d'une
société que celle-ci constitue un tout cohérent. L'unité a valeur
symbolique : la société, réellement, n'est jamais parfaitement unie,
et les individus n'adhèrent pas délibérément à la communauté.
Pourtant chacun sait, obscurément, qu'il est membre d'une société,
et c'est ce « savoir non conscient » que le terme de symbolique
désigne sans vraiment l'élucider.

Or l'unité symbolique de l'espace social est référée presque
partout et toujours à une entité transcendante. Le foyer du sens est

22. Marcel Gauchet, L'expérience totalitaire et la pensée de la politique, in
Esprit, n° 7-8, juillet-août 1976.

installé en extériorité, la raison d'être de l'organisation sociale n'a
pas son lieu dans la société. Cela signifie que la loi est d'origine religieuse, ou que le pouvoir du prince dérive d'un ordre transcendant
et providentiel. La nouveauté de la démocratie est donc extrême :
pour la première fois le pouvoir ne vient plus d'ailleurs, et il est
désormais tentant de le maîtriser, de le penser comme étant à notre
disposition. De là le lien paradoxal entre la démocratie et le totalitarisme. Lefort écrit : « Le totalitarisme ne s'éclaire à mes yeux
qu'à la condition de saisir la relation qu'il entretient avec la
démocratie »[23].

La démocratie est le premier régime au sein duquel l'institution
du social dans et par la division s'apparaît à elle-même. Le corps
social n'est plus incarné dans le corps du roi, il se constitue sous
nos yeux par le suffrage universel, par l'addition et l'articulation
des volontés individuelles. Plus rien n'est fixe, toute loi est susceptible d'être contestée, et désormais l'unité ne devrait plus pouvoir
effacer la division sociale.

En ce sens, la démocratie fournit le modèle d'une société auto-
instituée. La fiction contractualiste dégage le sens d'une société
essentiellement voulue par ses propres membres, construite sans
référence à une volonté transcendante qui lui dicterait sa loi. Elle
est celle d'une liberté absolue qui s'enchante d'abord d'elle-même,
cède au vertige de la toute-puissance, ou, comme c'est plutôt le
cas aujourd'hui, renonce, comme effarée, à toute action pour se
limiter à la compréhension de la nécessité. La prégnance de l'économique sur le politique, dont nous reparlerons, sanctionne ce
refoulement d'une volonté avertie des risques de perversion totalitaire de la démocratie.

Car tel est bien le double aspect de la mutation radicale qui se
joue avec l'apparition de régimes démocratiques. D'une part la
société se confère à elle-même sa propre identité, sans repères préa-
lables : il n'y a plus de normes transcendantes, la société ne s'inscrit plus dans un ordre naturel ou surnaturel. Le peuple est souverain sans normes souveraines pour le guider. Le pouvoir n'est qu'un
lieu vide, et ceux qui l'exercent ne font qu'occuper ce lieu insai-

23. Claude Lefort, *L'invention démocratique*, Fayard, 1981, p. 178.

sissable. Corollairement, cette société pour la première fois purement humaine, sans règles immuables, peut vouloir se rapporter
à elle-même sur le mode objectivant, se connaître et se construire;
se produire elle-même grâce à ce point de survol qu'est l'Etat
omniscient et tout-puissant. Elle peut confondre en somme le réel
et le symbolique, et tel est, en un sens, le totalitarisme.

Le pouvoir totalitaire n'est pas autre chose qu'une tentative
perverse pour résoudre les paradoxes de la démocratie, pour réin-
troduire de force, à tous les niveaux de la vie sociale, cette unité
symbolique à travers laquelle une société plurielle perçoit sa cohérence tout en maintenant ses divisions. La démocratie marque le
moment singulier d'une société qui accepte secrètement sa division, son déchirement, et l'expose sur la scène politique, sanction-
nant la diversité sur les lieux de l'unité symbolique.

L'idéologie bourgeoise était une dénégation de la dimension
conflictuelle de la société capitaliste. Un mensonge en quelque
sorte, une dissimulation de la lutte des classes, mais qu'un autre
mensonge a relayé, celui d'une société sans divisions de classe,
sans antagonismes, réalisant pleinement l'identité de l'Etat et de
la société. De ce mensonge terroriste dérivent les efforts et les
sacrifices de peuples voués à plier la réalité sociale à un discours
qui la méconnaît.

Telles sont brièvement esquissées les grandes lignes d'une
redécouverte de la question du politique. Son intérêt est évident.
La démocratie, confrontée à sa perversion totalitaire, apparaît
sous un jour nouveau. On perçoit différemment les principes qui
l'animent, les questions qu'elle laisse en suspens, le fragile équilibre qu'elle préserve entre les antagonismes qui la déchirent. Là
où Michel Foucault, en dernière analyse, récusait comme trop
massive la question du politique et substituait l'archéologie à la
prospective, Claude Lefort et Marcel Gauchet redécouvrent l'histoire en saisissant l'indétermination essentielle de la démocratie.
La démocratie est historique, souligne Lefort, elle est même par
excellence « la société historique »[24]. Elle se définit, en effet, par
l'absence de points d'ancrages. La démocratie est susceptible

24. *Ibid.*, p. 182.

d'errer au gré capricieux des suffrages, aucune vérité absolue ne vient plus masquer que l'ordre humain se donne à lui-même sa loi, ou encore qu'il nous appartient de conjurer l'absence radicale de sens pour édifier le socle à partir duquel les entreprises humaines s'élaborent.

Après la mort des dieux, l'ivresse de la liberté s'empare des hommes, et la vision euphorique d'un avenir à la fois illimité et maîtrisable peut un temps les mobiliser. Du moins lorsque la paix et la croissance confortent cette mythologie. En temps de crise, les lendemains ne chantent plus, l'effroi renaît devant cette liberté désormais sans objet, et certaines représentations faciles de la société fournissent des certitudes apaisantes. Ainsi en est-il des idées libérales. Leur rôle n'est-il pas d'assurer, sur fond de scepticisme, le minimum de convictions sans lequel la représentation de l'avenir fait défaut ?

Car la démocratie est ouverte sur l'avenir, elle est historique, et ce caractère n'est pas sans alimenter des inquiétudes. Lieu d'une indétermination radicale, elle est ce à partir de quoi tout est possible. Mais la seule possibilité historiquement réalisée à partir d'elle, c'est le totalitarisme, qui n'est pas autre chose, dans son principe, que le projet de maîtriser cette indétermination, de construire scientifiquement cette société qui s'apparaît pour la première fois comme œuvre de part en part humaine.

Comment ne pas renoncer à tout projet politique, à toute volonté de corriger les incohérences et les injustices sans verser à nouveau dans le totalitarisme ? Comment une action du social sur lui-même est-elle possible sans retomber dans l'emprise de l'Etat sur le social ?

L'histoire en démocratie apparaît simultanément comme le lieu des plus hautes espérances et des grandes méfiances : aucun horizon transcendant ne vient borner l'action, mais où aller ? Et surtout comment ne pas voir qu'une possibilité est plus possible que les autres ? L'indétermination de la démocratie est-elle celle d'une adolescence inquiète et secrètement troublée ? Y toucher est-ce nécessairement la pervertir ? Faut-il d'abord la préserver, et garantir contre toute atteinte les bienfaits dont nous lui sommes quotidiennement redevables ?

La défense des valeurs de l'Occident, celle des régimes démocratiques tels qu'ils sont, n'est pas seulement un phénomène de mode. Si la droite, voire l'extrême-droite, peut à nouveau exploiter des thèmes que l'on croyait usés, et cela avec un succès grandissant, il est permis de penser qu'un certain refus d'anticiper et d'oser favorise son essor. La redécouverte de l'histoire s'inscrit dans un climat d'effroi qui incite plus aux retours nostalgiques qu'aux anticipations audacieuses. La Révolution fait peur et les garanties juridiques rassurent. La figure de la Terreur s'impose à l'horizon de la Fête révolutionnaire et les Droits de l'Homme si sévèrement critiqués par Marx deviennent la panacée. Le lien entre despotisme et égalisation des conditions, si nettement pensé par Tocqueville, semble indénouable, et le minimum démocratique devient la limite au-delà de laquelle il serait dangereux de se risquer.

A l'arrière-plan de cette convergence apparente entre libéraux modernistes et partisans de la seconde gauche, il y a cette peur des hasards de l'histoire et la volonté de préserver les acquis démocratiques d'un risque majeur : l'emprise croissante de l'Etat hégémonique, le totalitarisme latent ou éclatant dont serait obscurément porteur tout projet politique dès lors qu'il ne se formule pas en termes de retrait de l'Etat, de libération de la société civile, d'allégements des pesanteurs bureaucratiques... Dans ces conditions, le socialisme démocratique fait figure de concept inconcevable, de discours insensé, débridé et vain.

Seulement, à force de laisser dire et de laisser passer, ne s'accommode-t-on pas de l'ordre social tel qu'il est ? de ses injustices et de ses dangers ?

Pénible constat pour tous ceux qui ne sont pas dupes des prétendues convergences et n'acceptent pas le retour pur et simple à la case départ !

Toute perspective de changement est pourtant vouée au discrédit dès lors que l'on soutient la thèse d'une relation nécessaire entre volontarisme et autoritarisme.

En pensant la Terreur comme la suite logique de la Révolution française, les nouveaux historiens qui réexaminent sa tradition historiographique ne provoquent-ils pas ce débat ?

CHAPITRE III

La Terreur des historiens

Prononcé par un chef d'Etat, le constat d'une crise dans l'enseignement de l'histoire n'est pas anodin. Il enregistre les difficultés à penser le temps présent et à puiser dans le passé l'espoir d'un avenir meilleur. Il représente aussi une manière de semonce à l'adresse des historiens dont le savoir décourage l'action et dont le culte du passé — ainsi que le dit Nietzsche — sert d'alibi pour refuser toute novation. En ce sens, les propos de Jean Chesneaux ont la tonicité qui fait défaut à la démocratie dont les idéaux s'essoufflent : « Le droit à la mémoire collective signifie le droit à définir dans le passé ce qui pèse et ce qui aide. Du passé, faisons table rase, certes ! contre les références-pièges à l'histoire. Mais, en même temps, mettons le passé au service du présent, pour aider à ouvrir l'avenir »[1].

Crise de l'histoire, crise des idées politiques et crise généralisée du sentiment de l'avenir : ces points névralgiques n'en font qu'un lorsqu'un pouvoir est désireux d'asseoir sa légitimité sur d'autres critères que sa seule compétence économique. Le symbolique est indispensable au politique qui ne peut, de ce fait, négliger l'histoire, cet arsenal où se forgent la mémoire et l'identité d'un peuple.

1. J. Chesneaux, *Du passé faisons table rase ?*, Maspero, 1976, p. 184.

La Révolution contre la démocratie

Cela dit notamment à l'adresse des historiens de la Révolution française qui tentent aujourd'hui de débarrasser notre démocratie de l'origine révolutionnaire que lui attribuait une tradition historiographique longtemps dominante. Pourquoi eux précisément, demandera-t-on ? Sans doute parce qu'ils réalisent un changement notable dans la perception que nous avons du passé national. Sans doute parce que ce changement en dit long sur une approche des réalités du présent et sur le sentiment de l'avenir qui s'y attache. On ne déboulonne pas la statue de Robespierre sans motif. L'historien de 1789 qui contrevient aux idées communes et attente même à l'imaginaire collectif en minimisant — voire : en dénonçant — la part de l'épopée révolutionnaire dans la constitution de la République, cet historien se défendrait vraisemblablement d'être l'agent principal dans ce qui apparaît comme une entreprise de démythification. S'il est coupable de désabuser, c'est, l'entend-on répondre, pour autant qu'il enregistre les effets d'une opinion publique de plus en plus défavorable aux phénomènes révolutionnaires et, par là même, de plus en plus encline à s'accrocher à ce qui est. A elle seule la désaffection du marxisme dont nous avons évoqué les modalités explique le discrédit qui frappe l'idée de Révolution telle qu'elle fonctionne dans l'esprit occidental.

Révolution, c'est-à-dire : ce par quoi ce qui n'était pas arrive et ce par quoi ce qui était disparaît; ce grâce à quoi le sentiment du temps historique se trouve exacerbé; ce qui met en scène la volonté de grandes individualités (peuples et/ou chefs); ce qui détermine un clivage dans l'opinion entre ceux qui souhaitent le Grand Soir et ceux qui le redoutent, entre ceux qui éprouvent un dégoût du présent auquel ils opposent un Grand Refus et ceux qui donnent leur approbation à l'ordre établi, qu'ils le considèrent comme le meilleur ou comme le « moins pire ». Cette idée de la Révolution, nous la tenions pour une grande part des historiens qui nous l'enseignèrent. Que s'est-il donc passé pour qu'aujourd'hui d'autres historiens paraissent vouloir nous en guérir ?

Pourquoi faudrait-il donc penser désormais la Révolution contre la démocratie ? Car c'est bien de cela qu'il s'agit : l'école de Jules Ferry avait érigé 1789 en objet de culte offrant de flamboyantes images pour fixer la naissance de la liberté, l'institution de l'égalité, l'avènement de la fraternité — bref, la dignité triomphante de l'humanité. L'imagination de générations d'enfants s'est trouvée ainsi nourrie du récit de l'événement révolutionnaire au point qu'il devint évident pour tous que la démocratie surgit des ruines de la Bastille. Voilà pourtant les nouveaux historiens qui viennent refroidir l'enthousiasme et proclamer la fin du mythe de la révolution instauratrice de nos libertés. Les voilà qui nous invitent à abandonner cette sensibilité romantique que Michelet avait su magnifiquement exprimer. Le peuple souverain n'a plus besoin de 1789 pour croire dans son génie; il lui faut à présent recevoir ces nouvelles Lumières — Lumières qui préludent comme toujours aux désenchantements : la société démocratique pouvait se passer de révolution; autrement dit : elle est suffisamment mûre pour consentir à renoncer à son désir de l'origine et pour accepter de le réduire à ses seules dimensions métaphoriques. Mais, soyons juste, cela n'ôte rien à l'importance de l'épisode révolutionnaire. En effet, loin d'être relégué dans l'insignifiance sous le prétexte qu'on découvrirait avoir surestimé sa portée réelle dans l'histoire, il s'impose plutôt comme le révélateur par excellence d'un imaginaire politique, comme l'adjuvant nécessaire des discours et des représentations idéologiques : « Dis-moi comment tu expliques la Révolution française et je te dirai ce que tu veux ou refuses pour aujourd'hui et demain. » Il y a plus d'une raison pour expliquer l'accueil de plus en plus favorable réservé aux efforts des théoriciens du passé qui visent à dénouer le lien qui unit Révolution et démocratie. Parmi elles, celle qui met l'accent sur la défaveur grandissante des mouvements révolutionnaires dans les sociétés modernes ne surprend guère : nous nous méfions en effet des changements arrachés par le fer et le sang et nous nous persuadons que rien de bon n'a jamais pu sortir d'une révolution. L'histoire récente est d'ailleurs là pour nous le rappeler, même si on a mis longtemps à l'écrire, même s'il a été parfois dur de l'accepter : l'entreprise totalitaire dans sa version stalinienne a en effet refroidi les élans révolutionnaires et elle a sans doute même éteint bien des pulsions militantes.

Qu'ils le veuillent ou non, philosophes et historiens contemporains contribuent en ce sens à figer le lyrisme de la Révolution sous le vent glacé de la Terreur. Ils peuvent certes chercher à s'en défendre, comme François Furet qui, à l'occasion de la publication de son *Marx et la Révolution française* (Ed. Flammarion, 1985), précisait : « Je suis un grand admirateur de 1789; je pense que c'est un événement magnifique et je n'aime pas les historiens qui essayent de rabaisser la dimension de cet événement, un des rares événements universels de l'Histoire, qui se trouve être un événement français »[2]. Il n'empêche : pourquoi ne dirait-on pas de l'enseignement d'historiens comme François Furet ce que Raymond Aron disait de celui de Marx, à savoir qu'il « est comptable non de ses seules intentions mais aussi de ses implications, même contraires à ses valeurs et à ses buts »[3] ? Toujours est-il que, si se pose aujourd'hui plus que jamais la question du lien entre 1789 et 1793, c'est dans la mesure où l'on a vécu, pendant des années, dans la conviction d'une filiation entre 1789 et 1917, dans l'attente que la révolution socialiste vienne parachever l'œuvre de la révolution bourgeoise. Quand on eut accepté l'idée que c'est bien 1917 qui inaugure en définitive le régime soviétique dont les démocraties occidentales redoutent tant le pouvoir, les nouveaux historiens se sentirent justifiés à considérer la Terreur de 1793, non pas comme un simple accident de l'Histoire, mais comme l'issue nécessaire du processus révolutionnaire. Et, qui plus est, ce qui aurait indigné jadis parut presque immédiatement convaincant, à peu près banal aux amateurs de l'Histoire. C'est ainsi que l'analogie est désormais acquise : 1789 est à 1917 ce que la dictature montagnarde est au stalinisme ou, comme l'écrit F. Furet : « Aujourd'hui, le Goulag conduit à repenser la

---

2. Cf. François Furet, Une révolution sans révolution, entretien in *Nouvel Observateur* du 28 février au 6 mars 1986.
3. Cf. Raymond Aron, *Essais sur les libertés*, « Le Livre de Poche », p. 59. Dans *La faute à Rousseau*, Jacques Julliard formule un jugement analogue à propos de Rousseau : « Peu importe à la limite ce que l'auteur a voulu dire; l'important, pour l'histoire sociale des idées, est ce qu'on y a lu et ce qu'on en a retenu » (p. 75).

Terreur, en vertu d'une identité dans le projet »[4]. Preuve si besoin était que les préoccupations et les craintes du présent conditionnent notre perception du passé. Sentiment savamment entretenu et scientifiquement légitimé qu'il faudrait être bien inconscient ou sévèrement dogmatisé pour célébrer encore dans la Révolution l'aube de nos libertés. La réalité tant de fois décrite (et déjà ô combien analysée) du phénomène totalitaire a façonné, chez nos contemporains, une sensibilité réfractaire au volontarisme révolutionnaire.

Notre temps est décidément à la désillusion et être moderne impose qu'on en soit conscient. Très modernes, en ce sens, ces nouveaux historiens qui redécouvrent et, éventuellement, réhabilitent ceux des penseurs du siècle dernier qui, les premiers, ont interrogé le lien entre 1789 et 1793, l'articulation entre la révolution libérale et la terreur jacobine. Très modernes, également, ces antijacobins qui appartiennent à la gauche républicaine du xixe siècle et qui ont su formuler nos questions les plus insistantes : Toute révolution engendre-t-elle la terreur ? Une démocratie doit-elle nécessairement en passer par l'action révolutionnaire pour s'imposer ? Ou, plus précisément : « La dictature jacobine est-elle contenue dans le système d'idées qui a conduit à 89, ou n'en est-elle qu'une perversion provisoire, couverte du prétexte du salut public ? »[5]. C'est ainsi que les malheurs du présent nous invitent à relire Edgar Quinet, Benjamin Constant ou Alexis de Tocqueville.

On voit que ce n'est plus guère la fête révolutionnaire de 1789 qui mobilise l'historiographie mais l'année 1793, la Terreur — non pas celle que fait régner le peuple jusqu'aux massacres de septembre 1792 mais la Terreur comme système de gouvernement et projet déclaré d'anéantir tous « les ennemis du peuple ». 93 pour en finir avec l'euphorie trop célébrée de 89 !

Mais reviennent nos questions : Quelles exigences issues du présent rendent compte de cette insistance des historiens à focaliser sur la Terreur et cela au risque d'abîmer définitivement l'image

---

4. François Furet, *Penser la Révolution française*, Gallimard, 1978, p. 26. Voir aussi, du même auteur, Au centre de nos représentations politiques, in *Esprit*, 1976/9.
5. Cf. F. Furet, *ibid.*, p. 42.

d'un peuple se décrétant maître de son destin ? Comment penser
la démocratie sans la Révolution ? Pour autant qu'il implique
les questions que la démocratie se pose au présent, le débat qui
oppose les historiens de la Révolution française mérite d'être clarifié.

Rien d'étonnant si ce sont les historiens marxistes (ou marxi-
sants) qui ont offert de 1789 les interprétations les plus circons-
tanciées. Mais rien d'étonnant non plus si l'explication de 1793
est surtout le fait de penseurs qui, en polémique avec les premiers,
assument le risque qu'on situe leur libéralisme déclaré dans le
camp de la réaction. Un même objet pour deux éclairages. Un
simple clivage entre des interprétations du passé qui engagent
toutefois une lecture du présent et, implicitement, des prises de
position incompatibles sur ce qu'il faut vouloir pour demain.
Comme si l'historien de la Révolution nous récitait encore la
vertu des lendemains qui chantent. Comme si le penseur de la
Terreur nous enseignait qu'il n'est de meilleur révolutionnaire
aujourd'hui que celui qui sait se prémunir contre les fuites en
avant. Les partis sont en tout cas suffisamment tranchés pour
qu'on s'aventure à les dépeindre sans trop les délayer.

Que faire de Robespierre ?

S'imagine-t-on forcément adhérer à l'interprétation marxiste
quand on qualifie 1789 de « révolution bourgeoise » ? Des historiens comme Lefebvre ou Soboul sont parvenus à lester leurs
analyses du poids de l'évidence. Avec eux sans le savoir, des
cohortes d'élèves ont « spontanément » décliné la révolution
bourgeoise en ses trois niveaux : d'abord, le niveau économique
qui révèle la libération des forces productives brimées jusque-là
et l'accouchement du capitalisme; ensuite, le niveau social qui
manifeste la victoire de la bourgeoisie sur les privilèges d'Ancien
Régime; et enfin, le niveau politique et idéologique qui proclame
l'avènement d'un pouvoir bourgeois et le triomphe des Lumières.
Tripartition commode qui a pour elle la prégnance du procédé
mnémotechnique. Tripartition trop commode pour n'être pas

réductrice, disent les nouveaux historiens. Selon Furet, lecteur de
Soboul, cette interprétation de la Révolution a en effet le ton
péremptoire d'un catéchisme et ses facilités heuristiques la désignent
comme vulgate — « vulgate lénino-populiste » en l'occurrence.
Identifiant la faiblesse de l'adversaire, F. Furet demande aux
historiens marxistes comment ils expliquent par exemple que ces
bouleversements socio-économico-politiques soient repérables en
l'espace de si peu d'années (89-99 sinon 89-94), comment ils
expliquent en définitive l'explosion révolutionnaire proprement
dite. A cette question qui engage la compréhension de l'événement
dans sa singularité, l'auteur de *Penser la Révolution* répond lui-
même que l'histoire de l'interprétation marxiste a les propriétés
du plus vétuste providentialisme : « Le siècle, ironise-t-il, accumule
les matériaux de l'incendie, et les années quatre-vingt apportent
l'étincelle »; et il ajoute à l'adresse de Soboul : « C'est la nouvelle
Providence du nouveau théologien. »

Tout providentialisme a dessein de rendre raison de ce qui
paraît à première vue déraisonnable. Corrélativement un refus du
providentialisme paraît devoir accepter qu'il y ait de l'aberrant
et de l'injustifiable dans l'histoire et, à cet égard, il s'expose à
passer pour une variante de l'irrationalisme. La difficulté est
redoutable : dire la raison de l'histoire au risque d'y absoudre le
mal ou alors en avouer la déraison au point de laisser penser
qu'on y consent. Admettons qu'il est peu d'historiens qui se
résigneraient à ne pas chercher la raison de l'histoire, fût-elle la
plus folle. C'est pourquoi, quand Furet accuse Soboul d'entretenir
ou de promouvoir une nouvelle Providence, il n'est pas sûr qu'il
puisse s'exempter d'une telle accusation. (Serait-ce qu'il revendi-
querait quant à lui l'ancienne, celle dont Bossuet fournit le modèle ?)
Devant la Terreur, l'historien marxiste ne saurait de toute manière
se dérober car c'est précisément là que l'attend l'historien nouveau.
Marxiste, il est réputé affectionner les révolutions venues d'en
bas; historien, il lui faut expliquer pourquoi le peuple débridé
cède à la domination la plus excessive.

Expliquer en effet ces quelque 17 000 exécutions capitales,
sans compter les nombreux morts tombés en combattant, en
s'enfuyant ou supprimés sans jugement, sans compter les quelque

40 000 prisonniers décédés en prison; expliquer les quelque
300 000 suspects arrêtés, « suspects » c'est-à-dire : « Auteurs possibles d'un crime éventuel dont on les estimait capables à cause
de leurs opinions, voire de leur indifférence réelle ou simulée »[6];
expliquer pour finir les 1 376 exécutions qui, après la loi du
22 prairial, accompagnent la Grande Terreur entre le 7 et le
20 juillet 1794. Expliquer cette hécatombe quand on appartient
soi-même à la famille de ceux qui attendent des révolutions le
mieux-vivre des hommes...

La plaidoirie sera réaliste : la Terreur, dit à peu près Soboul,
est une façon pour le nouveau pouvoir d'imposer son droit et
d'affirmer son monopole de la violence. Ou bien, elle sera platement psychologique : la Terreur résulte d'une sorte de « panique
sociale généralisée ». Afin de ne pas se donner la partie trop belle,
F. Furet a la loyauté de rappeler que le jeune Marx ne s'aban-
donnait pas à cette médiocre psychologie et qu'il proposait un
type d'explication à laquelle lui-même souscrit aujourd'hui : « La
Terreur, commente-t-il, c'est l'Etat devenant à lui-même sa propre
fin, faute de racines dans la société; c'est l'Etat aliéné par l'idéologie et échappant à ce que Marx appelle la bourgeoisie libérale »[7].

Reste que, lorsqu'ils ne font pas l'impasse sur la Terreur et
lorsqu'ils échappent aux extrêmes du réalisme et du psychologisme,
les historiens marxistes se bornent à adopter l'explication « par
les circonstances » dont Georges Lefebvre a fourni le modèle.
Dans tous les cas, les historiens s'apparentant à Lefebvre expriment
la ferme résolution de ne pas laisser salir la figure de Robespierre.
Qu'ils déplorent ou non les méfaits de la Terreur, Robespierre
reste pour eux l'Incorruptible que sa vertu a désigné comme
bouc émissaire. Admirateurs de la Révolution, ils se reconnaissent
sans hésiter robespierristes.

La tendance des historiens non marxistes est, en revanche,
de refuser cette fascination pour l'héroïsme du Montagnard solitaire. Le pathos révolutionnaire est, selon eux, le ferment d'un

6. L'expression est de G. Lefebvre auquel nous empruntons ces données, cf. *La
Révolution française*, Ed. PUF, 1969, p. 414 sq.
7. Cf. François Furet, *op. cit.*, p. 170 et n. 104. Référence faite à Marx, *La Sainte
Famille*, Ed. Sociales, p. 144-150.

dogmatisme délirant, celui-là même qui engendra la folie terroriste. « L'idéologie jacobine et terroriste, écrit ainsi François
Furet, fonctionne largement comme une instance autonome, indépendante des circonstances politiques et militaires, lieu d'une surenchère d'autant plus indéfinie que la politique est déguisée en
morale et que le principe de réalité a disparu. » Prise au piège
de la théorie pure — celle que dictait le *Contrat social* de Rousseau —, la Révolution a donc manqué le réel; c'est pourquoi
elle a consacré, jusqu'à s'y abîmer, la domination abstraite des
passions aveugles. C'est pourquoi aussi la leçon politique qu'on
s'expose à prêter aux travaux des historiens non marxistes recoupe
celle que formulait déjà Rehberg, en 1793, dans ses *Réflexions sur
la Révolution française* : au risque d'accréditer la réaction dont la
pensée contre-révolutionnaire a offert les cadres, la consigne
semble s'imposer avec eux d'en revenir à un sage empirisme, de
rompre avec la théorie pour se fonder avant tout sur « l'observation de l'époque, des lieux, des relations sociales, historiques,
morales du peuple ». Derrière cette consigne anti-prométhéenne,
derrière cet encouragement à la modestie, il y aurait la grande
méfiance à l'égard des initiatives humaines qui sert de philosophie
à Rehberg. Méfiance bien compréhensible au demeurant de la
part de ceux qui dénoncent toute révolution d'inspiration populaire mais qui anime aussi, comme on le montrera, la réhabilitation
actuelle des politiques de la non-intervention, c'est-à-dire : du
libéralisme de la « société automatique ». Les travaux de Luc
Ferry que nous avons déjà mentionnés[8] ont le mérite d'aider à
questionner les conséquences du repli de l'historiographie contemporaine sur des positions résolument non activistes : une critique
radicale de la Terreur ne débouche-t-elle pas forcément sur l'apologie de la passivité et sur l'éloge de l'ordre établi ? En ce sens,
ne révèle-t-elle pas le risque de démobilisation qu'on a associé,
depuis le début, à une perte du sentiment de l'avenir ?

Etre ou ne pas être pour la Révolution : le choix reste possible; mais, être pour 89 contre 93, voilà qui paraît désormais

___

8. Outre *Philosophie politique*, t. II, cf. L'idéalisme allemand et la Révolution française, in *Passé-Présent*, n° 2, Éd. Ramsay, 1983.

interdit. Et c'est ce que paraissent suggérer les historiens nouveaux, au premier rang desquels figure F. Furet. Quand elle se situe sur le strict plan de l'historiographie, la stratégie argumentative semble relativement simple : elle consiste à réexaminer ou redécouvrir les historiens et les penseurs qui sont tombés dans l'oubli ou ont été discrédités par la vulgate marxiste. Stratégie offensive, donc, qui prétend faire pièce à ce « lit de Procuste » que représente la perspective marxiste en histoire, qui prétend aussi damer le pion à ces historiens jacobins qui retiennent comme critère d'appartenance à la gauche l'acceptation de 93.

Qu'ils soient historiens ou philosophes, les auteurs bénéficiant de ce regain d'intérêt — B. Constant, E. Quinet ou A. Cochin — ont en commun un progressisme au service de la République mais aussi et surtout le refus de la Révolution qu'ils considèrent comme régressive, superflue ou manquée. Chacun à sa façon joue la démocratie contre la Révolution; aucun n'échangerait la Révolution contre la démocratie.

Au carrousel des retours, Alexis de Tocqueville fait incontestablement figure de champion. Objet de tant d'attention érudite, de tant d'éloges pour sa clairvoyance et sa sereine intelligence qu'on se demande parfois comment la sensibilité républicaine a pu l'ignorer pendant des décennies. Est-ce donc que l'image de l'aristocrate quelque peu désabusé et applaudissant à la répression de 1848 avait dissimulé l'observateur et le théoricien de la démocratie américaine ? Tocqueville sort en tout cas du purgatoire, tant et si bien qu'il paraît devoir incarner pour la génération des intellectuels dans le vent ce que Marx a représenté jusqu'à présent : l'incontournable penseur de la politique des Temps modernes ! Resterait à apprécier au juste si l'auteur de *L'Ancien Régime et la Révolution* sort bien indemne des sollicitations dont il est l'objet. Il se pourrait qu'un jour on doive prouver que Tocqueville n'était pas tocquevillien... Pour sérieux que soient les travaux des historiens qui nous invitent à relire nos classiques, la conjoncture qui rend pesant le silence des intellectuels semble propice à la récupération hâtive des penseurs de la démocratie sans heurt, telle que l'Amérique put en fournir l'exemple. A la merci des carences du temps, ils encourent les risques des prophètes.

La démocratie sans la Révolution

Sur fond du déclin des idéaux révolutionnaires, l'histoire nouvelle et les penseurs antitotalitaires dévoilent la figure d'un Tocqueville théoricien de la démocratie *sans* la Révolution. Figure bien opportune à l'heure où le souvenir de la Terreur empoisonne le passé de notre vie politique. Un judicieux recours à la réflexion tocquevillienne permet en quelque sorte de lever la culpabilité qui paraît habiter sournoisement le démocrate éclairé : Non, il ne doit pas son bien-vivre actuel aux agissements criminels organisés par un pouvoir monstrueux ! Non, il ne commet aucune faute en refusant aux jeunes peuples l'initiation démocratique par la Révolution ! Si l'on suit l'enseignement de Tocqueville, le sens de la Révolution consiste, en effet, dans la formation de l'Etat démocratique centralisé mais, faut-il aussitôt ajouter, c'est là aussi le sens de l'Ancien Régime. De sorte que la Révolution ainsi définie était commencée bien avant 1789, de sorte que sa mise en scène et son scénario étaient tout à fait inutiles puisque la monarchie avait elle-même dressé le décor de la démocratie.

Sensible au lyrisme des Grands Soirs, on sera tenté de soupçonner Tocqueville de s'être débarrassé un peu vite de l'événement 89 en le diluant dans l'épopée obscure d'un régime politique en gestation; on sera tenté de lui reprocher son absence d'explication de l'explosion révolutionnaire proprement dite, alors même que le tragique des convulsions populaires est loin de l'avoir laissé indifférent. Mais il importe peu dorénavant. François Furet détermine, d'une certaine manière, la valeur d'usage contemporaine de l'œuvre de Tocqueville en la révélant propice à dénoncer d'une part « l'illusion de la Révolution sur elle-même » et d'autre part l'imposture à laquelle cède la France quand elle se présente comme le pays « qui invente, par la Révolution, la culture démocratique ».

Mais Tocqueville, tel du moins qu'il est invoqué chez les intellectuels dépités par la militance révolutionnaire, en donne plus : non seulement il autorise à penser (contre les marxistes) que la Révolution était évitable mais il affirme, dans le même temps, que la démocratie était nécessaire. Et c'est là sans conteste un avantage : en effet, si la conception marxiste de l'histoire est certes déterministe, les historiens qui s'en réclament maintiennent pourtant à l'action des hommes — fût-elle aveugle — son efficacité; c'est pourquoi d'ailleurs ils ne craignent pas d'afficher leur admiration pour un Robespierre ou un Lénine. Considérer que la Révolution devait avoir lieu, c'est selon eux dire que l'histoire obéit à un schéma nécessaire mais c'est dire aussi — au risque du paradoxe — qu'il dépendait de la volonté des acteurs sociaux que cette histoire réalisât ses objectifs. En revanche, Tocqueville, en débarrassant la démocratie de son origine révolutionnaire, paraît bien faire l'économie de la volonté humaine dans sa description du devenir historique. Gain en simplicité que certains n'hésiteraient pas à juger régressif : l'histoire va son chemin et il n'est nul besoin d'ergoter sur le dessein capricieux des hommes, celui-ci n'ayant en fait pas plus d'importance que l'emplâtre sur la prothèse du fameux unijambiste !

Mais les choses ne sont pas aussi simples et il y a lieu de faire la part des effets appauvrissants qui résultent de la traduction idéologique d'une œuvre autrement consistante. Le lecteur attentif de *La Démocratie en Amérique* saurait remarquer que la référence faite par Tocqueville aux desseins de la Providence est avant tout destinée à établir que l'histoire obéit à une logique et qu'elle s'offre par conséquent à être comprise par les hommes. Si ces derniers sont parfois désignés comme d' « aveugles instruments dans les mains de Dieu » — lequel Dieu semble vouloir l'extension de la démocratie —, il n'empêche que Tocqueville leur impute la responsabilité dans la sauvegarde ou l'abandon de leur liberté[9]. Le point de vue de la Providence vaut pour les causes générales mais celui de la liberté subsiste pour les causes secondaires et c'est, comme le montrait Raymond Aron, la combinaison des deux qui compose la trame de l'histoire.

Le recours contemporain à Tocqueville est le plus souvent simplificateur, comme s'il devait nourrir un fatalisme soulageant

9. Cf. sur ce point les dernières lignes de *La Démocratie en Amérique*. V. aussi J.-M. Besnier, *Lecture de Tocqueville*, Belin, 1985, p. 11-14.

les hommes du souci d'agir en vue du meilleur et comme s'il devait bientôt les dispenser de penser. On met l'accent sur tout ce qui, chez le penseur normand, permet de souligner le caractère illusoire de la volonté de société ou le devenir entropique de la démocratie : les hommes coexistent non pas parce qu'ils le désirent mais parce qu'ils sont le jouet d' « un accord instinctif » et, quoi qu'ils fassent, ils sont destinés à se fondre toujours davantage les uns dans les autres. L'autorité de Tocqueville est utilisée aujourd'hui pour légitimer la vanité des révolutions à fonder un régime démocratique et elle atteste même, selon certains, l'idée que la politique n'est que le mirage du pouvoir de la volonté humaine sur les choses. Opportune référence pour aseptiser notre mémoire collective et pour justifier notre apathie, celle-là même dont Tocqueville craignait pourtant le développement. Mieux que Hegel lui-même, Tocqueville paraît militer pour les vertus de la plus vénérable théodicée. Est-ce pour le prouver que Marcel Gauchet, en exégète averti, saisit tout ce qui, chez lui, témoigne en faveur du caractère inconscient et indolore de la genèse des démocraties ? « La démocratie n'implique pas de se connaître pour être... Elle s'est établie à l'insu de ses créateurs, au titre de résultante de leurs aveuglements respectifs »[10]. Comme si Tocqueville devait également nous aider à exprimer tout le mal qu'il faut penser du volontarisme en politique.

Ce volontarisme dont on a dit que 1968 fut le chant du cygne... Car il apparaît qu'il n'y a plus, aujourd'hui, de raison de se révolter. En pensant la démocratie *contre* la Révolution, les homéopathes de l'histoire nous invitent à rompre non seulement avec la conviction que les hommes font l'histoire mais également avec l'idéal messianique qui confère son sens à l'aventure humaine ainsi qu'avec le désir eschatologique qui enjoint d'en vouloir la fin. Sentiments qui avaient soulevé une jeunesse, sentiments que désavoue même l'actuelle jeunesse. De l'engouement contemporain pour Tocqueville à la crise du sentiment de l'avenir évoquée en commençant et à l'essoufflement de la prospective politique

10. Cf. M. Gauchet, Tocqueville, l'Amérique et nous, *Libre*, n° 7, Payot, 1980, p. 66 et 67.

caractéristique de notre époque, le lien paraît décidément consister dans cette désaffection de la volonté à laquelle la révélation du destin totalitaire des révolutions aurait finalement contraint.

Tout bien considéré, l'analyse que Hegel propose de la Révolution française dans *La Phénoménologie de l'esprit* manifeste largement ce qu'il faut arracher à la lecture de Tocqueville : elle décrit en effet la Terreur comme une maladie de la volonté et comme l'impasse à laquelle se heurte « la liberté absolue »[11]. Comme toujours chez Hegel, l'histoire vient à son heure. La Terreur s'impose après un certain désenchantement du monde, celui que réalisent précisément les Lumières en tant qu'elles consacrent le triomphe de l'Utilité, c'est-à-dire tout à la fois : le règne d'un principe d'équivalence généralisé, la domination d'une volonté instrumentale s'emparant du monde comme de sa chose et le discrédit de la religion grâce à la réconciliation du ciel et de la terre. Le contexte d'apparition de la Terreur est donc clairement défini par Hegel comme le lieu où la conscience s'éprouve certaine d'elle-même, dans un monde instrumentalisé et vidé de la transcendance d'un Dieu qui n'est maintenu que dans la mesure où il présente encore quelque utilité pour l'ordre humain. Mais, pour ne pas céder inconsidérément au rejet du règne de l'Utile décrit ici, ajoutons que Hegel estime que c'est seulement avec lui qu'a pu naître la conviction, chère aux démocrates que nous sommes, d'une égalité en droit des hommes. C'est dire que l'idéal de justice égalitaire suppose, pour sa réalisation, l'interchangeabilité des hommes dont la Terreur aura représenté en quelque sorte une imprévisible apothéose.

Dans ce contexte, la Révolution — ou, dans le langage hégélien, « la liberté absolue » — survient pour donner corps à la volonté d'égalité dont l'époque éprouve l'exigence. Assurer l'égalité, c'est-à-dire : extirper les différences, tel est bien le mobile de la volonté révolutionnaire. Par suite, la Terreur signifie l'accomplissement de cette volonté et l'issue forcément négative qui résulte du refus pour la liberté de s'aliéner, autrement dit : de

---

11. Cf. *Phénoménologie de l'esprit*, section VI, B, *c*, trad. Hyppolite, Ed. Aubier-Montaigne, t. II, p. 133-137.

s'opposer à quelque chose d'extérieur lui résistant tout en la manifestant. « Egaliser », écrit Hegel, équivaut alors à « couper les têtes ». C'est le lot de cette époque sans mystère ni foi et, pour cela sans doute, disposée à s'inoculer la banalisation de la mort qui accompagne l'entreprise terroriste, « mort froide et plate, dit Hegel, sans plus de signification que de trancher une tête de chou ou d'engloutir une gorgée d'eau ». Saisissante évocation de la mort sans qualité dont les accents annoncent les méditations adorniennes sur Auschwitz dans la *Dialectique négative*.

A ceux qui, aujourd'hui déclarent se méfier des prétentions humaines à transformer le monde, Hegel fournit donc des arguments en démontrant comment la conscience révolutionnaire, se voulant universelle, finit par faire le vide et par s'abîmer dans une sorte d'autodestruction. La Terreur est présentée par le philosophe allemand comme le théâtre désordonné de cette conscience frappée d'autisme, déconnectée de la réalité qu'elle n'eut de cesse de nier, et s'abandonnant à une jouissance tout « égoïstique ». Contre le préjugé courant qui transforme Hegel en apôtre du totalitarisme, il faut préciser que *La Phénoménologie* clôt sa description de la Révolution française en soulignant que le salut eût consisté dans l'adoption du républicanisme de Montesquieu et dans le rejet de l'unanimisme suicidaire dont Rousseau est censé offrir le modèle. Hegel, le premier, a énoncé le dilemme qui paralyse tout pouvoir d'inspiration révolutionnaire : ou bien maintenir son intégrité à l'Universel dont il se réclame et pour cela, être obligé de différer *sine die* la décision d'agir, s'efforcer à l'immobilité et abolir même toute volonté ; ou bien se résoudre à administrer la mort, une mort « qui n'a aucune portée intérieure, qui n'accomplit rien, car ce qui est nié, c'est le point vide du contenu, le point du Soi absolument libre ». Le cas extrême de la Terreur, ce produit nécessaire de la volonté de changer radicalement l'ordre des choses, illustre ainsi la malédiction du pouvoir. Malade de se vouloir elle-même sans limitation, la conscience terroriste devait s'enferrer dans le désespoir et s'abîmer dans « la furie de la destruction ». Elle a bien tenté d'échapper à son destin, par exemple : en dissimulant la position de pouvoir qu'elle occupait fatalement; c'est ce qui fait justement écrire à Claude Lefort : « La Terreur est révolutionnaire en ceci qu'elle interdit l'occupation de cette place; en ce sens elle a un caractère démocratique », ajoutant que le culte de l'Etre suprême a représenté pour les terroristes une tentative pour « se délivrer de leur volonté propre, pour s'adosser à un tribunal plus haut que celui des simples mortels »[12]. Mais cela ne suffit pas à sauver la Terreur d'elle-même. L'issue consiste, chez Hegel, dans le retrait, dans la désaffection de l'action qui caractérise la conscience morale — issue qui témoigne négativement de ce que la volonté au pouvoir est toujours suicidaire.

Historiens et penseurs antitotalitaires trouveraient sans conteste auprès de Hegel de quoi alimenter le moulin des désillusions militantes contemporaines. Pour illustrer le terrorisme inextinguible de la volonté, l'analyse hégélienne de la Terreur s'offre aux historiens de 93 comme un modèle du genre. Puisse-t-elle être affrontée par eux si tant est que Kojève ait eu raison d'écrire : « Il se peut qu'effectivement l'avenir du monde, et donc le sens du présent et la signification du passé dépendent en dernière analyse de la façon dont on interprète aujourd'hui les écrits hégéliens »...[13].

L'éloge paradoxal du conflit

Que de discours, aujourd'hui, pour dénoncer ce qu'on rêvait d'assumer hier : le pouvoir et la volonté qu'il suppose ! Est-ce afin d'étayer cette dénonciation que la Terreur est devenue l'objet privilégié des historiens modernes ? Pour une bonne part, sans doute, et ce n'est pas sans conséquence comme le souligne Jean Chesneaux en fustigeant François Furet et, avec lui, les théoriciens du « temps long » (regroupés dans l'Ecole historique dite des Annales) qui accréditent l'idée d'une histoire dénuée de secousses, exempte de crises autres que cycliques — bref : dépourvue de la folie des hommes[14]. Alors même que notre temps témoigne à l'envi

---

12. Cl. Lefort, La Terreur révolutionnaire, Analyse d'un discours de Robespierre, in Passé-Présent, n° 2, p. 40, 42.
13. A. Kojève, Hegel, Marx et le christianisme, in Critique, 1946, 3-4, p. 366.
14. Cf. J. Chesneaux, « Penser la Révolution » à l'âge de la Commission trilatérale, in Le Monde diplomatique de mars 1979.

de la responsabilité de personnalités exceptionnelles, comme le note Raymond Aron dans ses *Mémoires* : « Qui vit au siècle de Hitler et de Staline doit être à jamais aveugle à l'histoire s'il nie le rôle des "héros" et ne voit que le déroulement d'un déterminisme global, inflexible, prévisible, là où le contemporain entend le bruit, voit la fureur et cherche le sens. »

Les philosophes ont d'autres raisons de déduire de la Terreur des thèses défavorables au volontarisme politique. On a déjà observé comment la critique des totalitarismes a buté sur le constat que toute praxis politique menace d'échouer sur « l'aporie révolutionnaire », selon le titre d'un article de Marc Richir auquel Claude Lefort objecte l'exemple de la révolution hongroise, ce bon modèle d'une révolution plurielle débouchant sur une authentique démocratisation de la société...[15]. On comprend maintenant pourquoi la Terreur a pu apparaître comme l'issue inéluctable de toute révolution et, partant, comme le prologue des totalitarismes du XXe siècle. Récemment découverte en France, Hanna Arendt fournit, sur ce point, sa caution intellectuelle puisque c'est en définissant la Terreur, après Hegel, comme la tyrannie de l'Universel sur le particulier et en l'associant à la mainmise idéologique sur l'individu qu'elle rend compte de l'apparition de l'Etat totalitaire. Allant plus loin, toutefois, les philosophes se mettent en tête de nous démontrer que le totalitarisme se développe *exclusivement* sur le terrain de la démocratie. Ainsi s'explique qu'on n'en ait jamais fini avec la Terreur. Dans une étude qu'il consacre à Tocqueville, Marcel Gauchet décrit le totalitarisme comme un phénomène régressif qui affecte les démocraties devenues incapables de regarder en face leurs conflits internes et tentées par un unanimisme qui instaurerait la cohésion sociale qu'avaient jadis en vue les religions. Au fondement de cette description se retrouve le rejet contemporain d'une histoire acheminant les hommes vers un idéal ainsi que la propension à définir la lucidité, dont nous avons besoin en cette fin de siècle, par la rupture avec le désir d'une société sans

15. Cf. La question de la révolution, in *Esprit*, sept. 1976, p. 210 et s. Ce texte prouve, s'il en est besoin, que Claude Lefort — comme François Furet dans l'entretien au *Nouvel Observateur* déjà cité — n'est pas dupe du discrédit radical et abusif auquel la critique des totalitarismes expose l'idée de révolution.

division. Comme l'écrivent Pierre Rosanvallon et Patrick Viveret :
« Penser la démocratie positivement, c'est rompre avec ce fantasme
de la société idéale. La démocratie n'est pas un idéal historique
mais une pratique difficile »[16]. Logée au cœur de notre temps, la
possibilité du totalitarisme impose en tout cas d'identifier dans la
Terreur les premiers signes de perversion du régime politique où
règne la majorité. Cela ne suffit-il pas à figer, ainsi qu'on l'a avancé,
l'esprit de prospective des intellectuels promoteurs de telles analyses ? Il n'est assurément pas confortable de décrire le Goulag
comme l'avenir de la démocratie et de proposer simultanément la
représentation de lendemains qui chantent. Dans ces conditions, le
plus sage n'est-il pas, pour le démocrate vivant sa démocratie
comme une chance, de prôner le *statu quo* et d'afficher un réalisme
ennemi de tout romantisme, même dégagé du pernicieux mirage
d'une fin de l'histoire ?

Peu de possibilités s'offrent en effet à conjurer le devenir-pervers
des démocraties. Rares sont les nostalgiques qui prêchent le retour
au modèle de la démocratie éternelle, celle qui, dans le monde
antique, s'exprime sur fond d'un suspens du temps. Moins rares
ceux qui invitent à l'attentisme philosophique, sereine disposition
à « laisser-être les choses » qu'on déduit comme seule pratique fondée
après que Heidegger eut prononcé la fin de la métaphysique. L'engagement philosophique le plus courant pour désamorcer l'avenir-
totalitaire des démocraties excède malheureusement cette double
démission : l'ennemi à abattre est, selon lui, le volontarisme de ceux
qui ne se satisfont pas du présent et défient l'avenir d'en supprimer
les maux. Le stratagème déployé témoigne de ce que notre temps ne
peut éviter de se penser encore avec Hegel. S'il faut, en effet, endiguer la vertigineuse fascination pour l'unité et la fin réconcilia-
trices qui saisit la démocratie en proie à elle-même, rien de plus
logique, selon les penseurs antitotalitaires, que de valoriser le
conflit et de favoriser ainsi une crispation sur ce que Hegel nomme
« le moment de la scission ». Que de pages écrites ces temps-ci
pour affirmer le caractère irréductible des conflits entre les hommes
et pour charger l'institution démocratique du soin de les gérer sans

16. P. Rosanvallon et P. Viveret, *Pour une nouvelle culture politique*, Seuil, 1977, p. 99.

jamais chercher à les éliminer ! Que d'encouragements à la confrontation pour provoquer l'émergence de la nouveauté et stimuler
l'individualité où l'on situe le salut de la démocratie ! Est-il meilleure définition de la société, aujourd'hui, que celle qui met l'essentiel dans la vertu structurante du conflit entre les hommes ?
P. Rosanvallon est parfois enclin à présenter le dissensus comme la
matrice de toute saine coexistence entre les citoyens : « Quoi de plus
normal que l'expression de la tension née du vivre-ensemble, tension dont la lutte des classes n'est qu'une manifestation particulière ? La démocratie n'est-elle pas au contraire le lieu d'expression et de traitement de cette difficulté, dont l'affrontement de
partis opposés est le signe ? Dire conflit et dire société, c'est la
même chose. La conflictualité reconnue est au cœur du processus
d'auto-engendrement du social. L'idéal démocratique ne consiste
pas à nier ou à gommer les conflits sous couvert d'improbable
"consensus", mais à les rendre productifs et constructifs ! Accroissement de la visibilité sociale et développement de la démocratie
vont de pair dans ce sens »[17].

Contre cette absolutisation et cette hypostase du conflit que des
défenseurs de la démocratie comme M. Gauchet brandissent pour
préserver l'altérité détruite dans l'Etat totalitaire, l'anthropologue
Louis Dumont a émis de sérieuses réserves : « Il faut donc dire, en
gros, qu'il y a deux voies pour reconnaître en quelque façon
l'Autre : la hiérarchie et le conflit. Maintenant, ajoute L. Dumont,
que le conflit soit inévitable et peut-être nécessaire est une chose,
et le poser comme idéal, ou comme "valeur opératoire", en est
une autre, même si c'est en accord avec la tendance moderne »[18];
Mais le vent paraît décidément en faveur de la défense et illustration
d'une démocratie réfractaire à la réalisation — révolutionnaire ou
non — d'un idéal de réconciliation absolue des hommes. De ce
point de vue, les arguments pour soutenir la portée émancipatrice
des conflits doivent affronter le sombre pronostic émis par Tocqueville et aux termes duquel l'égalité des conditions devrait

17. P. Rosanvallon, *La crise de l'Etat-Providence*, Seuil, coll. « Points », p. 127.
18. Cf. L. Dumont, La valeur chez les modernes et chez les autres, in *Essais sur
l'individualisme*, Seuil, coll. « Esprit », 1983, p. 261.

promouvoir un exténuement de la liberté par inertie; les hommes se ressemblant chaque jour davantage, autant dans leurs conditions d'existence que dans leurs opinions, la société démocratique encourt le risque, selon Tocqueville, « que le genre humain s'arrête et se borne; que l'esprit se plie et se replie éternellement sur lui-même sans produire d'idées nouvelles; que l'homme s'épuise en petits mouvements solitaires et stériles et, que, tout en remuant sans cesse, l'humanité n'avance plus ». C'est donc contre ce danger inhérent au règne de l'égalité que les thuriféraires du conflit démocratique doivent s'associer — au risque, comme on le dira, de vouloir en finir avec l'égalité elle-même afin de secouer l'alanguissement de l'*homo democraticus* et de l'empêcher de s'abandonner à la redoutable demande d'un Etat tout-puissant.

Seulement, si Tocqueville a pour une part raison de penser que les hommes auront de moins en moins de raison de s'opposer du fait des progrès de l'égalité, où l'exigence de conflit trouvera-t-elle à s'exprimer ? Comment fera-t-on en sorte que les citoyens conservent le désir, propice à leur union, de débattre et même d'en découdre ? Si l'on ne peut songer à entretenir d'artificielles sources de conflits pour résister à l'inertie qui fascine, nul doute que le totalitarisme à nos portes ne constitue l'occasion de sauvegarder naturellement cette tension interne sans laquelle, nous répète-t-on, il n'y a jamais de société voulue. Autrement dit, si la paix en démocratie confine à l'indolence et, en cela, vulnérabilise le citoyen, celle que l'on célèbre aux frontières du despotisme rappelle qu'elle est au prix d'une incessante vigilance. Du point de vue tocquevillien où se placent ceux qui pressentent le totalitarisme dans l'apathie démocratique, « l'angoisse collective irraisonnée » qui a saisi les sociétés sous le choc des Pershing[19] constituerait une manière de test de santé. Au moins le pacifisme n'y est-il pas lénifiant puisqu'il a conduit à accepter l'idée même du risque militaire. Ainsi ce qui nous menace et nous effraie constituerait un salutaire repoussoir, une heureuse mise en alerte et une sorte d'opportunité pour les démocraties somnolentes. L'exhortation de Glucksmann : « Il faut vivre en état de guerre permanent » retrouve, de fait, les accents jubila-

19. Cf. A. Minc, *Le syndrome finlandais*, Seuil, 1986, p. 121-122.

toires de Nietzsche; mais la cause s'est précisée : le philosophe allemand, en même temps qu'il invoquait les vertus du danger, invitait à l'aventure et à une réouverture de l'avenir; Glucksmann désigne dans la lucide confrontation au monstre totalitaire le moyen de préserver l'indétermination requise par l'action libre elle-même — tout en sachant que l'avenir risque d'être fatal à la démocratie. « L'état de guerre permanent » ne témoigne plus de la jeunesse du peuple ainsi que l'aurait vu Hegel, mais il dit la double contrainte imposée à l'époque contemporaine : conserver les moyens de l'avenir mais également ceux de lui résister.

Au fond, s'il paraît déconcertant et même choquant que la démocratie se donne un sens à cultiver la dissension en son sein et dans ses marges, le paradoxe manifeste justement le désarroi que nous interrogeons et qui rive les citoyens désenchantés à leurs conflits comme à autant d'occasions de combler le vide du présent avec le refus de l'avenir totalitaire et d'exercer la seule volonté de faire taire la détermination prospective. La politique de « résistance » à laquelle Glucksmann convie ses compatriotes implique bel et bien un renoncement à l'histoire. En ce sens, elle peut bien se flatter de procéder à un sabordement et d'offrir une brèche pour le regain d'une éthique à vocation incontestablement universaliste mais telle qu'elle devra pourtant s'accommoder d'une gestion cynique du réel. Ainsi, sceptique quant à l'efficacité et la cohérence du pacifisme des années 80, Paul Thibaud pose assurément la bonne question à l'auteur de *La force du vertige* en lui demandant « si une politique démocratique peut se fonder seulement sur une pareille négativité, sur l'idée qu'il n'y a pas nécessité d'une figuration positive de l'avenir, aussi débarrassée d'illusions qu'on le veuille »[20].

Mise à l'encan, la Révolution nous abandonne à cette question que Jean-Philippe Domecq soumet à variation dans un dialogue fictif avec Robespierre :

« Lui : Veux-tu dire que ton époque peut se passer de croire à l'avenir ?

— L'autre : Croire, ne pas croire, fausse question peut-être.

20. P. Thibaud, Les questions du pacifisme, in *Esprit*, 1983/11, p. 52.

— Lui : Elle demeure : les hommes peuvent-ils vivre en société sans y croire ?

— L'autre : De nos jours, la question se formulerait : peut-on cohabiter, et faire mieux que survivre ensemble, si le sens est perdu ? C'est à quoi voulut répondre le culte de l'Etre suprême, j'imagine »[21].

---

21. J.-Ph. Domecq, *Robespierre, derniers temps*, Seuil, 1984, p. 196.

CHAPITRE IV

La foi du libéral

« Un peuple qui tient la nature pour son Dieu ne peut pas être un peuple libre. »

HEGEL.

La crise est d'abord l'affaire du médecin et personne ne s'étonne aujourd'hui qu'on sollicite son avis sur les sujets les plus divers. En septembre 1983, le magazine *Lire* ouvrait une enquête par cette question : « Occupant une place laissée vacante par toute une série de désillusions idéologiques, les médecins ne sont-ils pas devenus de manière insensible, volontairement ou pas, de nouveaux maîtres à penser ? » En ce cas, seuls les médecins échapperaient à la déroute des intellectuels : non seulement ils auraient encore quelque chose à dire mais, de plus, notre société conserverait toute sa confiance à leur diagnostic. Lieu commun d'une époque en crise : « Le médecin trompe moins que le politique. »

Médecine pour une société bloquée

Voilà un corps de métier qu'on pourrait donc croire comblé. En lui se recrutent désormais « les haut-parleurs », pour reprendre l'expression que Jacques Derrida appliquait, il n'y a pas si long-temps, aux nouveaux philosophes. Il faudrait être très malinten-tionné pour relever qu'à ces prophètes assermentés par Hippocrate manque peut-être l'enthousiasme qui fait chanter les lendemains et qu'il n'est pas évident de se réconcilier avec l'avenir en lisant Paul Milliez, penseur du *Bon usage de la vie et de la mort* (Ed. Fayard) ou Léon Scharwtzenberg, auteur à succès d'un récent *Requiem pour la vie* (Ed. Le Pré-aux-Clercs) dans le droit fil d'un précédent *Changer la mort* (Ed. Albin Michel). S'il n'est sans doute pas contestable que l'humanisme militant de ces médecins aux prises avec la souffrance nous est salutaire, il ne devrait pas paraître insolent d'interroger la nature de la caution que leur sagesse offre au désarroi de notre temps. Brutalement formulée, la chose n'en sera pas moins vraie : la sagesse médicale s'offre le plus souvent à justifier le bien-fondé de la non-intervention sur le cours des événements. C'est en quoi le médecin prend efficacement le relais de l'intellectuel que nous venons de quitter, accablé d'avoir jadis couvé la terreur dans ses appels à la transformation du monde.

Que d'erreurs évitées si l'on s'était souvenu à temps que, lorsque dure une crise, le mieux est encore de s'en remettre à la *natura medicatrix*. Combien de médecins vitalistes parmi les inspirateurs du libéralisme que notre époque redecouvre avec emphase ? Incontestablement, le Dr Bernard Mandeville s'est acquis de nombreux disciples en démontrant, dès le début du XVIIIe siècle, que l'ordre et le bien de la société émergent d'eux-mêmes, sans que personne ait à les vouloir ou à les imposer. Et, la tradition médicale, débordant son strict espace de compétence, vint dès lors témoigner du caractère pernicieux de toute intervention qui attente à l'équilibre de ce que les libéraux nommeront « la société automatique ». Aider la nature et ne jamais la contrarier : telle est la maxime toujours vivace qui prétend à l'universalité et dont l'ignorance est censée avoir précipité la crise des sociétés démocratiques. Le bon sens nous enjoint donc de remonter aux sources de la pensée libérale, au moins jusqu'en 1662, date à laquelle un chirurgien du nom de William Petty énonça cette aveuglante vérité : « Nous devons considérer en général que si les médecins les plus sages ne se mêlent pas trop de l'état de leur patient, observant et suivant les mouvements de la nature, plutôt que de les contredire en administrant leurs remèdes violents, en politique et en économie on doit agir de même »[1]. Aux moments forts du doute, la confiance dans la nature et l'abandon à la spontanéité de l'organisme sont évidemment d'appréciables recours. Le traditionnel scepticisme des méde-

---

1. Cf. W. Petty, *A Treatise of Taxes and Contributions* (1662).

cins se traduisant de nos jours dans la vogue de l'homéopathie ou des « médecines douces », nos politiques se jugent ainsi encouragés dans leur lucide passivité, passivité qu'Edgar Morin épinglait en 1983 sous l'expression de « somnambulisme hagard ». Sans toujours mesurer les conséquences du renoncement auquel ils cèdent, sans s'aviser de la dose de pessimisme qu'ils inoculent aux citoyens sous couvert de conviction vitaliste. En définitive, au même titre que ces intellectuels dont nous suivions l'évolution en commençant, les politiques sont peut-être en train d'ériger Schopenhauer en penseur de l'avenir; comme lui, ils retiennent le pire — à savoir : la volonté individuelle douloureusement stérile — de la définition pourtant optimiste proposée par Bichat : « La vie, c'est l'ensemble des forces qui s'opposent à la mort »; avec lui, ils trouvent décidément plus sage de rester cois : « Il est des maladies que l'on ne peut guérir convenablement et radicalement qu'en leur laissant suivre leur cours naturel; elles disparaissent alors d'elles-mêmes, sans laisser de traces. Mais si l'on demande à se rétablir immédiatement, tout de suite, alors (...) le temps devra faire l'avance; la maladie sera écartée, mais l'intérêt sera représenté par un affaiblissement et des maux chroniques pour toute la vie »[2]. C'est en puisant à cette profonde intuition de la vanité des efforts humains eu égard au vouloir-vivre fondamental — autrement dit : à la vitalité du corps social quand il est livré à lui-même — que le libéralisme aujourd'hui ragaillardi s'imagine n'être pas une idéologie. Le bon médecin respecte l'équilibre biologique et l'idiosyncrasie de l'organisme, le bon Etat s'interdit de détraquer la société par des lois et des réglementations : l'analogie est réputée pouvoir disculper le libéralisme de l'idéologie, toujours coupable de plier faits et idées selon les exigences d'une logique dangereusement humaine.

Il est assurément compréhensible que ceux qui perdirent en 1981 le pouvoir et ne songèrent pas pour autant à contester la légitimité d'une majorité démocratiquement élue, aient découvert que l'idéal de la politique consiste dans un laisser-faire. Dépossédés de l'initiative, les vaincus du septennat n'eurent guère de mérite

2. A. Schopenhauer, *Aphorismes sur la sagesse dans la vie*, PUF, coll. « Quadrige », 1984, p. 149.

à subordonner l'art de gouverner à la non-intervention étatique et il n'y eut nul besoin d'être fin psychologue pour percevoir du ressentiment derrière les appels répétés en faveur d'une déréglementation généralisée. En revanche, il fut plus surprenant de rencontrer la même attitude chez ceux qui gagnèrent alors le pouvoir — c'est-à-dire : chez ceux qui réunirent autour de leur programme les suffrages des citoyens, lesquels citoyens devaient bien avoir conscience d'exprimer là un droit historiquement acquis en actualisant la possibilité de choisir leur mode de gouvernement. Quand les gagnants cèdent, eux aussi, à l'antienne libérale et oublient, somme toute, que s'ils ont gagné, c'est justement parce que le libéralisme est en France une réalité qui fonctionne correctement — quand ceux-là enchérissent sur les couplets anti-étatistes, on se dit que rien ne va plus, que la démocratie est malade d'elle-même. Devant le ressentiment de la droite, voici que la gauche s'abandonne à la mortification. Aberration qui fait alors dire à certains qu'elle met en œuvre ce que celle-là n'avait jamais osé. Nul pouvoir mieux que celui qui se brime ne saurait légitimement réclamer pour lui le drapeau de la liberté. Et il faut que ce soit la gauche qui expérimente ce sophisme politiquement suicidaire ! En enfourchant le cheval du libéralisme, croit-elle donc se laver du soupçon d'idéologie, secouer les oripeaux de la « religion séculière » à quoi R. Aron la résumait jadis ? « Le mérite de ce gouvernement sera de nous avoir débarrassés de l'idéologie socialiste » : cette déclaration d'Alain Touraine, commémorant le troisième anniversaire de l'élection de François Mitterrand, a fait couler beaucoup d'encre — à droite : pour se réjouir d'une telle inconséquence, à gauche : pour réclamer le constat d'une maturité politique finalement acquise. Dire que le gouvernement ainsi glosé y trouve le juste reflet de sa détermination à agir dans l'histoire serait, on s'en convainc facilement, beaucoup dire. A son inefficacité présumée, on oppose une société dont chacun égrène les travers comme autant de points noirs défiant les adeptes du libéralisme, ces apôtres de la non-intervention, de révéler quel pouvoir sans contrainte, quelle volonté politique pourraient un jour nous soulager.

Car cette société est, dit-on, bloquée. Et cela aussi bien par suite de pesantes structures, comme l'a montré Michel Crozier, qu'à cause d'une indéniable inertie dans les mentalités de nos concitoyens. Une enquête de *L'Express*[3] s'est attachée à définir les blocages dont souffre notre environnement social. A la consulter, on comprend une fois de plus le *come back* du clairvoyant Tocqueville : idées, sentiments et mœurs influent sur la société politique laquelle imprime en retour sa marque sur la psychologie du peuple démocratique, l'essentiel conduisant finalement à instruire le procès du centralisme auquel aspirent les citoyens effrayés par leur liberté. De cette enquête on retiendra surtout qu'elle formule un diagnostic général censé appeler ce que certains nomment « la solution libérale » mais qu'elle n'indique pas, toutefois, comment ladite solution rectifierait sans de douloureuses réformes des maux auxquels les Français paraissent assez complaisamment attachés. En fait, on se dit facilement que le scénario libéral constitue une bien fragile régression, qu'il n'est lié en réalité qu'à « un déficit de légitimité »[4], c'est-à-dire : qu'il triomphe pour le moment dans les media, faute de mieux, parce que l'imagination politique nous a cruellement abandonnés.

Qu'on juge donc des données qu'il faudrait soumettre à la médecine douce des disciples d'Adam Smith : les Français sont d'abord malades de trop d'Etat. « Dans quel autre pays, se demandent malicieusement les enquêteurs, l'Etat va-t-il jusqu'à réglementer la vie amoureuse des béliers et des boucs (circulaire du ministère de l'Agriculture du 16 janvier 1972) ? Où, ailleurs qu'en France, pourrait-on consacrer tout un Conseil des Ministres à détailler les matières à enseigner dans le primaire et à polémiquer sur l'opportunité de donner ou non aux enfants des devoirs à la maison ? » Et, en prenant à témoin Yves Cannac, on dresse le bilan de la paralysie économique provoquée par un Etat qui bride excessivement les entreprises privées par un contrôle du crédit, des changes, des prix et aussi par cet « aberrant contrôle *a priori* des licenciements ». Le mal étant précisément circonscrit, le remède s'impose donc : faire reculer l'Etat par tous les moyens — en instaurant un contrôle de la monnaie et des impôts, en libérant l'en-

---

3. Cf. *L'Express* du 22 au 28 février 1985, Les dix blocages de la société française.
4. Cf. P. Rosanvallon, *La crise de l'Etat-Providence, op. cit.*, p. 110.

treprise (« ce vrai creuset de la modernité », selon Y. Cannac), en modifiant le contrat social dans le sens d'une flexibilité des salaires, en brisant le monopole étatique sur la santé et l'éducation et surtout en favorisant au maximum la démocratie directe. Soit. Mais que tout serait simple si, comme l'a montré un sondage du magazine *L'Expansion*, les 55 % de citoyens qui déclarent adhérer à ce caté-chisme libéral ne butaient sur les 69 % qui refusent que l'on touche à la Sécurité sociale ! Qu'il serait donc facile de déréglementer si les Français ne se montraient tant désireux d'un Etat fort, capable de leur offrir une durable protection, par exemple, précise le son-dage en question : un poste à vie dans la fonction publique ou bien, pour les plus ambitieux, un poste clef dans un ministère ou une entreprise nationalisée ! Que les partisans de la limitation des pou-voirs auraient donc raison si l'esprit français n'était pas si fasciné par les systèmes (juridique, métrique, économique, philosophique...), s'il n'était pas tenté même par la pompe et le prestige de la monar-chie, ainsi que le souligne René Rémond en marge de l'analyse proposée par *L'Express*.

A l'évidence, le libéralisme, pour être crédible, a besoin de la dynamique qu'assure un minimum de conflits entre les membres de la société, conflits d'intérêts mais aussi d'opinions et d'aspirations susceptibles de s'harmoniser sans pour autant se dissiper. Or, à y regarder d'un peu près, on s'avise de ce que les Français se res-semblent déjà un peu trop pour entretenir de leurs débats l'émula-tion requise et, conformément à l'argumentation si claire chez Tocqueville, qu'ils s'entendent à reconnaître le bien-fondé d'un Etat central : ils sont en effet, révèle l'enquête de *L'Express*, hexa-gonaux en diable, chauvins, casaniers et corporatistes — ce qui arrange évidemment le gouvernement habile à jouer des différents lobbies aux fins de mieux assurer son pouvoir de contrôle; ils ont une sainte horreur du risque et sont par conséquent solidaires « des acharnements thérapeutiques ruineux » auxquels l'Etat se livre pour sauver les emplois des Lip, Manufrance ou autre Chapelle-Darblay. Auteur d'une *Francoscopie* (Ed. Larousse, 1985), Gérard Mermet constate justement que « la plupart des Français sentent qu'ils ont quelque chose à perdre : l'acquis de trente années pen-dant lesquelles s'est élevé leur niveau de vie ». Autant dire que

« l'Etat minimal » n'est pas pour demain, à moins que ses théoriciens ne se découvrent l'improbable vocation... au coup d'Etat dés-étatisant ! Le culte de l'acquis et le goût de la sécurité risquent même de renforcer cette fiscalité, honnie par les libéraux, qui avantage les rentiers et pénalise les investisseurs. G. Mermet croit déchiffrer dans notre pays une « révolution silencieuse » en identifiant, après l'Etat-permanent des années 1945-1973 et l'Etat-Providence des années 1974-1982, une nouvelle figure chère au cœur et à la raison des Français d'aujourd'hui : « L'Etat d'exception » défini comme « fort, compétent, présent à l'échelon national et international mais discret au plan régional, effacé au plan local, inexistant au plan privé ». Qui ne voit que cet Etat négatif étaye de son abstraction l'indétermination des Français touchant ce qu'ils désirent pour l'avenir et qu'il confirme la pénétration facile dans le public du flou des thèmes libéraux ? Planté sur une société ainsi bloquée, le drapeau libéral est-il autre chose qu'un mouchoir blanc ?

Métaphysique et morale du marché

Quand il n'est pas seulement une machine de guerre — de « guerre civile », précise Jacques Julliard (*Le Nouvel Observateur* du 5 octobre 1984) — contre la politique de justice sociale préconisée par la gauche, le libéralisme se donne comme une philosophie destinée à sauver l'individu, c'est-à-dire l'entrepreneur, ainsi que les valeurs qui définissent l'Occident, c'est-à-dire, selon Hayek, « la propriété, l'honnêteté et la famille »; mais, faut-il ajouter, cette philosophie s'accompagne de la disqualification de la volonté collective dont découlent idéologies et terreurs et ce, grâce à l'affirmation de la supériorité de l'ordre spontané sur l'ordre décrété. Ainsi mobilisée, la pensée libérale est indistinctement *politique* dans son combat pour la limitation des pouvoirs et *économique* dans sa défense du marché comme modèle d'un ordre exempt de pouvoir. Malgré son échec des années trente et devant l'impasse de la crise contemporaine, le libéralisme se porte donc très bien et ses théoriciens se bousculent pour vous démontrer la valeur de la propriété privée, l'efficacité de la libre entreprise et les vertus régulatives de la concurrence non entravée. Et si le Français moyen rechigne encore, c'est faute d'avoir prêté suffisamment l'oreille aux leçons des plus grands savants, notamment à celles de trois Prix Nobel d'économie dont la caution est, paraît-il, inestimable : Gérard Debreu selon qui « la supériorité de l'économie libérale est incontestable et mathématiquement démontrable, en utilisant des modèles informatiques qui sont parfaitement maîtrisés »[5]; Milton Friedman, le fondateur de l'Ecole de Chicago et le maître à penser du monétarisme, qui attribue la responsabilité de l'inflation à l'étatisme impondéré; et enfin, Friedrich Hayek qui annonce que « la limitation effective du pouvoir est le problème le plus important de l'ordre social »[6].

L'objection la plus féroce qu'ils rencontrent vient de ceux qui ne se laissent pas impressionner par d'aussi prestigieux propagandistes de « la main invisible » ou du « principe d'harmonie » et qui s'entêtent à soutenir que le libéralisme n'est finalement qu'une mode venant combler le vide idéologique et pallier en quelque sorte « la pause de l'imagination » réclamée par Jacques Delors lorsqu'il prit la mesure des changements réels à opérer dans la société. Une mode propice aux éternels discoureurs de la politique qui se moquent bien de signaler quels méfaits et quelle rapacité s'exercent au nom de l'hymne qu'ils entonnent. A ces inconséquents thuriféraires, certains rappellent que « les plus éloquents défenseurs du libéralisme économique ont toujours expliqué avec conviction, en toutes circonstances, que les entreprises et la nation elle-même seraient ruinées par toute loi qui interdirait le travail des enfants, limiterait la durée de la semaine de travail, créerait plus tard l'impôt progressif sur le revenu, puis instituerait les premiers congés payés ou les cotisations sociales »[7]. Et de s'indigner dès lors de l'amoralisme des libéraux (et des donneurs de leçons de même acabit) qui savent investir dans les dictatures d'Amérique latine tant il est vrai que « les régimes forts sont les plus utiles alliés du libéralisme écono-

5. Cf. *Le Figaro-Magazine* du 10 mars 1984.
6. F. A. Hayek, *Droit, législation et liberté*, PUF, t. 3.
7. Cl. Julien, La foire aux libertés II, *Le Monde diplomatique*, octobre 1984.

mique »[8]. Symptôme d'une vacance de la pensée politique, la mode
libérale a la versatilité des passereaux : tantôt elle veut se faire politique et engager un processus de déblocage de la société, tantôt elle
se récrie qu'elle n'est qu'une pensée du non-Etat, c'est-à-dire de la
non-Volonté générale, et qu'à ce titre, elle n'a aucun enseignement
à dispenser. Et l'on voudrait pourtant, avec elle, redonner vigueur
au corps social, remédier à l'atonie des citoyens désenchantés !
Voilà qui n'augure rien de bon d'une prophétie qu'A. Minc ne
voudrait pas redoutable : « Les exorcismes n'y feront rien : la
gauche sera libérale ou ne sera plus »[9]. Menace ou conjuration ?
Les ténors du libéralisme sont parfois équivoques.

   Qu'on songe seulement à Guy Sorman. En 1983, la publication
de sa *Révolution conservatrice américaine* (Ed. Fayard) fut saluée comme
un événement de première importance; la presse acquise au gouvernement socialiste lui fit largement écho, comme si elle voyait là
l'occasion de réamorcer un débat public dont le pouvoir aurait
pu prendre acte et s'enrichir. Manifestement désireux de provoquer
en ce sens, *Le Matin* du 18 juillet 1983 titrait : « Le conservatisme
libertaire, ce sera Chirac ou Rocard » et on apprenait de Sorman
lui-même ce qu'il fallait attendre de ce conservatisme mûri sous le
ciel américain : un renouveau de la morale qui consacre l'effort et
la prise de responsabilité; un populisme qui accorde au peuple une
clairvoyance largement supérieure au savoir des élites; un anti-
étatisme qui dénonce les effets parasitaires et paralysants de la
bureaucratie; et un capitalisme qui célèbre dans la libre entreprise
l'expression de la liberté démocratique. Telles étaient à peu près
les lignes de l'avenir que projetait ce docteur ès sciences politiques.
On aura tout dit si l'on ajoute que la prédiction s'appuyait sur le
sentiment qu'un consensus se formait à gauche — dans la gauche
anti-étatiste — en faveur de ce programme : « *Libération, Actuel* ou
Autrement, qui gèrent l'héritage de Mai 68, sont fascinés par l'esprit
d'entreprise et la technologie. L'avenir pour eux est à Silicon Valley
et non plus dans les communautés ardéchoises. Les anciens de
Mai 68, ce sont les capitalistes de demain, comme hier Trigano et

---

8. *Ibid.*, III, novembre 1984.
9. A. Minc, *Le Nouvel Observateur* du 5 octobre 1984.

Essel, anciens trotskystes, ont monté le Club Méditerranée et la FNAC. L'activiste économique, comme disent les conservateurs américains, est un ancien de Mai 68. » Le « phénomène Sorman », ainsi baptisé par Louis Pauwels le 16 avril 1983, était né.

L'enthousiasme sormanien s'est communiqué tant et si bien qu'il parut de fait réconcilier quelque temps droite et gauche. Avec le modèle américain et la réhabilitation de la pensée libérale, l'unanimité semblait s'établir autour d'un mot d'ordre débarrassé de tout enjeu partisan et, pour cette raison, authentiquement émancipateur : « Il n'appartient pas aux élites au pouvoir — de droite ou de gauche — d'instaurer le libéralisme, puisqu'il est une idéologie de limitation du pouvoir »[10]. Depuis lors, Guy Sorman apparaît comme le type même de l'intellectuel engagé dont l'époque a besoin. Il conseille le prince qui ne lui demande rien et à qui il propose non pas des notions abstraites mais « des *solutions* libérales pour l'économie, l'entreprise, l'école, la santé, les impôts, la monnaie... » Des solutions libérales, c'est-à-dire, en fait, des solutions minimales et strictement non impositives. Car le sormanisme ne saurait être une politique, au point qu'en toute rigueur, ce qu'il préconise ne devrait pas se conjuguer autrement qu'à l'optatif. Etonnant succès d'un maître penseur qui oscille continuellement entre l'incitation à agir et la conviction que l'action est nocive. « La France ne sortira de la crise que si (...) elle se mobilise sur un projet de société généreux, solidaire et libéral »[11]. Qui ne souscrirait à une telle déclaration ? Seulement, « l'idée de réforme, dit ailleurs le même, est l'une des plus perverses qui soit. Elle accrédite dans l'opinion que la classe politique peut changer la société par des lois et des décrets (...). Un programme libéral devrait se limiter à des engagements extrêmement restreints consistant uniquement à modifier la nature de l'Etat : budget en équilibre, fiscalité modérée, monnaie stable, démocratie directe à l'initiative des citoyens, suppression des monopoles publics et privés. La plupart des interventions sont, on le voit, des non-interventions, des déréglementations »[12]. La solution libérale ? Se prendre en charge soi-même là où cela est

10. G. Sorman, *Le Nouvel Observateur* du 5 octobre 1984.
11. G. Sorman, *Le Nouvel Observateur* du 14 septembre 1984.
12. G. Sorman, *Le Figaro-Magazine* du 22 septembre 1984.

possible et quand cela est possible. Tel est finalement le slogan que
reprennent, chacun avec son accent, Chirac, Barre, Giscard aussi
bien que Hersant, Goldsmith ou Suffert. Quand il arrive à Sorman
de s'inquiéter de la récupération réductrice dont ses thèses font
l'objet, c'est pour rappeler — un peu légèrement, sans doute — que
le libéralisme n'est décidément ni politique, ni idéologique, autrement dit qu'il échappe à l'ordre du volontaire. « L'attitude libérale
consiste à laisser la société fonctionner naturellement »[13]; en ce
sens, elle est le simple produit d'une pensée — sinon d'une ascèse —
dont l'exemplarité viserait quand même à modifier l'opinion et les
comportements : pensée de « la supériorité de la spontanéité du
marché », que Hayek n'hésite pas à exprimer par la conviction
métaphysique d'une transcendance du naturel et du social sur ce
que les moyens humains sont capables de construire. Louis Pauwels
formule cette pensée dans le langage dépouillé des quiétistes :
« Quand on est libéral, au sens pur, et je dirai reaganien du mot,
on admet que la société humaine obéit à des lois que nul ne peut
maîtriser »[14]. On avait jadis fait grief à l'interprétation déterministe
du marxisme d'étouffer la liberté sous le poids des structures historiques; le libéralisme reprend le flambeau tout en écartant le
grief puisque les déterminismes sociaux qu'il reconnaît sont, selon
lui, une raison pour invalider toute volonté planificatrice et pour
valoriser le laisser-faire individuel, seul garant des libertés. Devant
l'inévitable, on peut, en effet, ou bien abdiquer sa liberté pour
consentir à l'histoire ou bien en jouir sur un mode anarchique; la
chose n'a pas plus d'importance dans un cas que dans l'autre puisque,
de toute façon, la décision humaine n'entre pour rien dans le
cours des événements.

Il y a, à l'évidence, du religieux dans la pensée libérale. Raymond
Aron le suggérait à propos de Hayek dont il disait admirer, sans
toutefois l'admettre, la démonstration selon laquelle une société
sans entrave réaliserait, comme par harmonie préétablie, l'accord
de la moralité et de l'utilité : « Je me méfie des ruses de la raison
comme de la virtuosité des économistes, écrivait-il. Je ne refuserai

---

13. G. Sorman, *La Solution libérale*, Fayard, 1984, p. 82.
14. L. Pauwels, *Le Figaro-Magazine* du 26 janvier 1985.

pas mon admiration à la démonstration d'Hayek, mais je réserverai
ma foi. Les libéraux ont parfois tendance, comme les marxistes, à
croire que l'ordre du monde pourrait réconcilier nos aspirations
avec la réalité. Cette confiance ne manque pas de grandeur. Souffrez
que je l'admire et ne l'imite point »[15]. A n'en pas douter, si le libéralisme peut resservir un providentialisme aussi suranné, c'est qu'il
profite d'un contexte où domine la résignation, où s'effilochent les
convictions politiques et où les citoyens sont tout disposés à
renouer avec un économisme à la mode des physiocrates du
XVIIIe siècle. Les leçons les plus simples sont désormais réputées
les meilleures, parce qu'elles sollicitent peu la volonté de savoir et
parce qu'elles témoignent en faveur de la supériorité des lumières
naturelles sur les artifices des constructions intellectuelles abstruses.
Les politiciens se veulent en ce sens d'autant plus pédagogues qu'ils
savent que leur message a toutes les chances de passer facilement
auprès d'un public préparé à entendre que la réalité est incontournable. Ainsi Claude Julien ironise-t-il aux dépens de la prétendue
sagesse du marché tout-puissant : « Un produit se raréfie ? Aussitôt
son prix monte. Il monte trop ? Alors les consommateurs éventuels
cessent de l'acheter, et son prix redescend automatiquement. Une
activité se révèle particulièrement rentable ? Elle draine vers elle
les esprits entreprenants. En trop grand nombre ? Le marché élimine le surplus. C'est simple, limpide, logique. Et ça marche à
tous les coups. Ce qui est rare est cher. Or une Rolls-Royce bon
marché est rare. Donc une Rolls-Royce bon marché est chère »[16].
La démonstration devrait suffire à confondre les volontaristes de
tous bords et à convaincre de ce que la crise est bien imputable à
l'Etat qui s'est imaginé capable de déroger à cette loi d'airain. A la
mystique de la Volonté générale, on oppose finalement une autre
mystique — celle de l'homéostase libérale, de l'équilibre rédemp-
teur. Avoir la foi du libéral n'est pas un mince viatique par les temps
qui courent !

---

15. R. Aron, La définition libérale de la liberté. A propos du livre de F. A. Hayek,
The Constitution of Liberty, repris dans *Etudes politiques*, Gallimard, 1972, p. 215.
16. Cl. Julien, *op. cit.*, III, novembre 1984.

De Hayek à Pauwels

Il n'est de religion que totalisante. Ce qui signifie que les explications qu'elle offre des choses, les exigences qu'elle formule sont par principe sans reste. On ne soupçonnerait peut-être pas le libéralisme renaissant de vouloir se constituer en religion s'il n'était justement en train de saturer l'espace social de ses liturgiques explications. Jacques Frémontier le notait avec pertinence[17] : si le libéralisme désigne communément deux ordres de significations — l'une concernant les doctrines qui tendent à garantir les libertés individuelles, l'autre la conception visant à sauvegarder la liberté économique grâce au libre jeu de l'entreprise, la vulgate régnante joue opportunément sur le va-et-vient de ces deux définitions, occulte sans cesse l'une par l'autre pour finalement les télescoper avec les théories néo-libérales venues d'Amérique. Dans ce mouvement, Tocqueville et Constant font la ronde avec Smith et Ricardo. Libéralisme des contre-pouvoirs et libéralisme du marché ne forment plus qu'une seule Bible et « Margaret Thatcher arrive parmi nous, de son pas viril — précédée de son père spirituel, Friedrich Hayek, et de sa petite famille ». Dans un monde en quête de légitimité, toute vision globale ou en voie d'unification est reçue comme un inestimable présent. Surtout si le système en est simple et la divulgation aisée.

On nous objectera peut-être qu'il n'est nulle trace visible de religion dans les dernières œuvres de l'économiste Hayek[18]. Pour tirer argument de cette absence, il sera même facile de souligner que ce dernier s'accorde avec le modèle d'une société exempte de tout lien religieux : la preuve en est son insistance à récuser les sociétés qui s'assignent une finalité commune — version laïque ou religieuse d'une même pulsion eschatologique — dessinant la matrice de l'organisation des relations sociales, des mœurs et de la morale

17. Cf. J. Frémontier, *Les Cadets de la droite*, Seuil, 1984, p. 206-207.
18. Cf. Paul Valadier, Père Jésuite directeur de la revue *Études*, La Justice sociale, un mirage ? A propos du libéralisme de F. A. Hayek, janvier 1983, p. 76, n. 7.

individuelle. Contre ces sociétés qualifiées de « tribales » et qui fascinent les socialistes toujours enclins à vouloir définir le bien et le mal pour tous, le penseur libéral prétend que les sociétés modernes ne sauraient désormais plus proposer de buts communs aux individus et aux groupes qui y vivent, de sorte qu'il est vain et même injuste de s'attacher à intervenir sur ce qui n'est plus un corps social mais un tissu de relations complexes et insaisissables. En d'autres termes, l'homogénéité de la société, à supposer qu'elle soit encore une réalité, ne dépend plus de la formulation d'un projet collectif, tel qu'en proposaient les messianismes révolutionnaires ou non. C'est en quoi la religion a bel et bien fait son temps et avec elle, l'ambition de réaliser la justice sociale dont on devrait « avoir honte d'utiliser le terme », précise même von Hayek. Paul Valadier en traduit ainsi le constat : « Voilà pourquoi introduire le principe de justice sociale dans la Grande Société relève de la nostalgie et de la superstition : nostalgie d'une société fermée désormais disparue, superstition qui suppose une volonté à l'œuvre derrière la diversité sociale, ou une sorte d'acteur auquel on pourrait faire appel, comme une mentalité naïve en appelle à un dieu des prétendues injustices de la nature. »

La société selon Hayek s'affiche donc résolument laïque : si elle est dite « ouverte », c'est moins par référence à Bergson que pour désigner le milieu qui offre aux individus l'espace indéterminé d'un jeu aux règles essentiellement négatives, c'est-à-dire énonçant avant tout ce contre quoi on ne saurait agir — règles dont le politique doit se limiter à assurer le fonctionnement. Raymond Aron commentait l'idéal politique du Prix Nobel d'économie dans ces termes : « Le but d'une société libre doit être de limiter le plus possible le gouvernement des hommes et d'accroître le gouvernement des hommes par les lois. » Ainsi la société est-elle réputée libre pour peu qu'y règne en maître cet « ordre spontané », non finalisé par un but commun et non hiérarchisé, ordre que compromet dangereusement toute intervention humaine. Dira-t-on que Hayek se satisfait pleinement de cette représentation d'une société vidée de la transcendance et, pour cela, désenchantée ? A dire vrai, cherchant à ruiner l'idéologie volontariste du peuple-souverain, il paraît contraint de se situer dans le camp des philo-

sophes qui, tel Léo Strauss, militent en faveur d'une subordination
de la souveraineté à la transcendance d'une loi. Le problème de
l'autorité se pose à lui dans des termes qui rappellent le fondamen-
talisme et il exige, en ce sens, la sanction d'une législation absolue,
hors de portée humaine. Reste que, chez lui, ainsi que le note
P. Valadier, cette législation réside non pas dans quelque dieu
garant d'un droit naturel mais dans « l'ensemble des règles de juste
conduite qui préside à l'équilibre et à l'évolution réglée de la Grande
Société ». Si la religion devait donc se formuler dans la perspective
de Hayek, elle serait en quelque sorte d'inspiration systémique :
reliant les hommes non point au moyen de la Révélation mais
« automatiquement », à condition qu'on ne se mêle pas d'intervenir
dans l'économie naturelle des choses.

Cette indifférence à l'égard de la religion révélée, source d'une
fidélité unificatrice, interdit à Hayek d'appréhender les problèmes
sociaux autrement qu'en termes de dérégulation, c'est-à-dire avec
cynisme. Pas question selon lui de favoriser un objectif égalitaire :
on y exposerait la liberté, ainsi qu'on le retient hâtivement de
Tocqueville. Luc Ferry et Alain Renaut résument clairement le
sophisme hayekien qui fait naître l'égalité de l'inégalité sauve-
gardée : « L'inégalité des conditions fait partie du cosmos du marché
dont la finalité interne est une amélioration globale des conditions
et dont le fonctionnement favorise les chances de n'importe qui en
engendrant une société où les chances de tout membre pris au
hasard sont vraisemblablement aussi grandes que possible; autrement dit encore : l'inégalité des conditions fait partie d'un processus
accroissant l'égalité des chances »[19]. Pourtant, rien de comparable
avec Tocqueville dont Hayek se réclame souvent à la légère :
député de Valognes en 1848, le penseur normand s'insurgea contre
le projet d'introduire dans la Constitution un droit au travail pour
la raison, ô combien chère aux libéraux, que ce droit étendrait
indûment les prérogatives gouvernementales. Seulement, confronté
à la question sociale, Tocqueville ne se dérobait pas au point de
refuser, à l'instar des libéraux dogmatiques, l'approche politique du
problème ; lui se donnait au moins la ressource d'une référence au

19. L. Ferry et A. Renaut, *Philosophie politique*, t. III, PUF, 1985, p. 139.

christianisme dont il a toujours pensé qu'elle était indispensable
à la démocratie : il faut, recommandait-il, « introduire la charité
dans la politique », « appliquer le christianisme à la politique »[20].
De cette prescription dans laquelle on pourra refuser ou bien
apprécier, selon les cas, la nature forcément individualisante — qui
dit charité suppose, en effet, évaluation subjective et initiative
privée —, l'économiste Hayek ne se juge pas même fondé à parler.
Le seul type de réponse au problème de la pauvreté que ses conceptions théoriques sont susceptibles d'apporter est logiquement
négatif, comme toute « règle de juste conduite ». Un exemple
extrême en est fourni par Milton Friedman à qui l'on demandait
récemment si l'Etat n'avait pas l'obligation morale d'aider les
pauvres et qui répondit : « La meilleure chose que le gouvernement
puisse faire pour les pauvres, c'est de les laisser tranquilles »[21].

La religion libérale ne comporte donc pas d'obligation univer-
salisable, ce qui se conçoit d'ailleurs bien puisqu'elle prêche ce que
Stéphane Rials a célébré, à propos de la droite et aussi de Hayek,
comme « horreur de la volonté »[22]. Ses seuls préceptes marquants
sont destinés à décourager l'auto-institution de la société : il est
sacrilège de ne pas consentir aux desseins de la Providence; il est
aberrant de vouloir changer les règles d'un jeu qu'on ne saurait
dominer. Quoi qu'en dise G. Sorman, le libéralisme de son maître
ressortit bien de la droite par son refus de l'ordre du volontaire
au profit de celui du naturel, par son rejet de la loi humaine au
profit du seul droit fondamental. En outre, quand on songe à
l'ascendant qu'exerce la doctrine hayékienne sur ceux que Frémontier classe parmi « les cadets de la droite », on est tenté d'y voir
une preuve. Qu'on y ajoute l'évocation de la religiosité que reven-
diquent la plupart de ces « cadets » — François Léotard tout le
premier — et cette preuve concernera également l'accord fondamental que nous désirons souligner entre les thèmes libéraux en

20. V. sur ce point J.-M. Besnier, *Lecture de Tocqueville*, Belin, 1985, p. 61 et 93.
21. M. Friedman, *Le Nouvel Observateur* du 14 septembre 1984.
22. Cf. Stéphane Rials, La droite ou l'horreur de la volonté, *Le Débat*, nº 33,
janvier 1985. Cette « horreur de la volonté » est, selon S. Rials qui l'en félicite, à mettre
au crédit de la droite (des droites), laquelle s'installe ainsi dans une position métapoli-
tique (dite encore de transcendance ou d'utopie) qui lui évite de se renier en exerçant
un pouvoir pour lequel elle n'est, par essence, pas faite.

vogue et la conviction religieuse, le plus souvent résignée aux malheurs du temps.

En définitive, ce par quoi le libéralisme tel que Hayek le professe avoue le mieux son affinité avec le sentiment religieux, c'est la profonde méfiance qu'il témoigne à l'égard de la nature humaine — méfiance qui suffit à le ranger dans le camp des anti-Lumières. C'est elle qui justifie foncièrement la dénonciation des acquis de 1789 en France et fait écrire à Jacques Julliard, lecteur critique de Hayek[23], que « la démocratie, c'est-à-dire l'exercice sans nuances de la souveraineté populaire, est au libéralisme politique ce que la justice sociale est au libéralisme économique : une perversion ». Hayek nomme « constructivisme » cette illusion humaine qui consiste à vouloir modeler la société selon un dessein arrêté, à croire « que nous devons toutes les institutions bénéfiques à un modèle et que seul un tel modèle les a rendues et peut les rendre utiles à nos buts »[24]. Sera par conséquent dénoncé comme « constructiviste » tout projet visant à intervenir sciemment dans l'histoire pour tenter de plier le cours des choses aux désirs humains. Le volontarisme politique, dont nous suivons les étapes du discrédit, relève évidemment de cette dénonciation et, avec lui, toute entreprise suspecte d'engager collectivement les hommes à défier le réel. Récemment, l'économiste viennois vint célébrer à Paris la fondation en 1947 de la Société du Mont-Pèlerin, association composée à l'origine de 36 économistes tous dévoués à la cause du libéralisme. A cette occasion, il prononça une conférence dans laquelle il fustige cette « vanité fatale » qui porte la raison humaine à se croire assez puissante pour réorganiser délibérément la société en fonction de buts connus et prévus à l'avance[25]; il y répète également sa critique de la philosophie cartésienne, coupable selon lui d'avoir promu le culte de la volonté dont nous sommes censés

---

23. Cf. J. Julliard, La nouvelle idole de la droite, Le Nouvel Observateur du 6 avril 1984.

24. F. A. Hayek, Droit, législation et liberté, t. 1, p. 10.

25. Cette conférence est publiée in extenso par le Figaro-Magazine du 10 mars 1984. G. Sorman sait recourir au même argument pour dénoncer « le malentendu » qui conduit ceux qui briguent le pouvoir à se proclamer libéraux : « Etre libéral, c'est d'abord faire preuve d'humilité intellectuelle et d'ouverture. Etre libéral c'est admettre qu'il n'y a rien qui s'appelle le « vrai » libéralisme, que nul n'est détenteur d'une solution libérale instantanée », cf. « le malentendu », Le Monde du 16 janvier 1986.

payer aujourd'hui l'outrecuidance : « Je suis finalement parvenu
à la conclusion que le plus grand obstacle à la préservation de la
tradition libérale était une conviction philosophique qui surestime
les pouvoirs de la raison humaine. » La conclusion de sa dernière
œuvre dit la chose en des termes non moins appuyés : « L'homme
n'est pas et ne sera jamais le maître de son destin : sa raison même
progresse toujours en le conduisant vers l'inconnu et l'imprévu
où il apprend des choses nouvelles. » On ne saurait dire plus clairement que l'anti-constructivisme a partie liée avec l'anti-volon-
tarisme qui qualifie la pensée réactionnaire. Avec Hayek et le libéralisme remis à l'honneur, Prométhée s'efface devant Sisyphe. Les
dieux ont vaincu l'arrogance des humains. Pour peu que la gauche
transfigure les échecs de ses efforts réformateurs en défaite métaphysique et Louis Pauwels — le prédicateur de l'Evangile selon
Hayek — deviendra prophète incontesté, lui qui proclame œuvrer
depuis longtemps pour la restauration du libéralisme.

Il n'est pas vain d'évoquer à présent la figure de Louis Pauwels.
Le directeur du *Figaro-Magazine*, sans avoir l'ambition théorique
de G. Sorman ou de H. Lepage, n'est pas le premier venu et ses
démarches auprès de ses nombreux lecteurs ont un poids certain.
A telle enseigne que si les idées de Hayek ou de Friedman, lesquels
prétendent avant tout modifier l'opinion des seuls intellectuels,
finissent par pénétrer aussi dans le grand public, c'est en grande
partie grâce à son influence médiatique. Vulgarisateur de talent et
homme de communication, Pauwels a en outre l'art d'accentuer les
traits des doctrines qu'il colporte, d'en décrypter les euphémismes
et ainsi de mettre à jour l'essentiel d'une pensée, fût-elle passable-
ment technique comme celle de Hayek. C'est chez lui d'ailleurs que
le libéralisme devenu à la portée de tous dévoile son affinité avec
l'esprit religieux le moins progressiste. L'évolution de Pauwels
mérite quelques mots car, d'un certain point de vue, elle est
emblématique : qui ne se souvient, en effet, du succès remporté
auprès de la génération des années soixante par celui qui écrivit,
avec Jacques Bergier, *Le Matin des Magiciens* et qui lança, en
octobre 1961, la revue *Planète*, cette revue de contestation culturelle et d'infatigable prospective qui s'ouvrit notamment à Herbert
Marcuse et à Wilhelm Reich ? Le premier numéro du *Nouveau*

Planète parut en septembre 1968 avec un éditorial dans lequel
L. Pauwels réaffirme son goût pour « l'action collective et fraternelle » ainsi que son désir de persévérer dans l'expérimentation
de « la puissance d'ouverture de l'esprit libre, nécessaire à l'élaboration du monde de demain ». Un article suivait, intitulé : « Le
phénix fait son nid dans les pavés », qui permettait au même
Pauwels d'exprimer sa volonté que « la société soit humaine,
c'est-à-dire enfin explicite » et de répéter sa farouche détermination
en faveur du changement : « Toute pensée conservatrice doit donc
être éliminée » (p. 15).

A dire vrai, ce premier numéro de la nouvelle série de *Planète*
retint surtout l'attention par une autre contribution, signée Arlette
Peltant et emphatiquement titrée : « En Inde, le rêve de la Cité
idéale devient réalité. Cela s'appelle Auroville. » Une précédente
étude sur le même sujet avait déjà été publiée dans la revue, ce qui
témoigne assez de ce que Louis Pauwels et son équipe étaient
acquis à cette description de la cité idéale, royaume d'un humanisme spiritualiste et d'un communisme des biens. On dira que
l'Inde était alors à la mode. Soit, mais à condition de préciser
qu'avec ses 800 000 lecteurs *Planète* était alors pour une bonne part
responsable de la mode. La politique-fiction était un genre prisé
en grande partie sous les auspices de M. Pauwels, ce « témoin des
maquis où s'élaborent les nouvelles formes d'action et de pensée »,
ainsi qu'il s'autodéfinit dans le n° 1 du *Planète* de 1961. Reste qu'il
serait cruel de demander en 1986, à propos d'Auroville, s'il est
meilleur exemple de « constructivisme » que l'œuvre du sage Sri
Aurobindo : si cette entreprise destinée à « l'homme nouveau
dans un monde nouveau », où la concurrence et la lutte s'effacent
devant la collaboration et la fraternité, ne devait pas déjà encourir
les foudres de Hayek. Auroville : modèle de société close, à l'ordre
décrété, aidée alors par des Français séduits par la mystique de
l'ashram de Pondichéry et popularisée grâce à l'organe de l'actuel
chantre du libéralisme ! Concédons à l'auteur du *Matin des Magiciens*
que son intérêt pour le projet indien devait tenir avant tout à la
tentative qu'il exprimait pour associer la spiritualité à la technologie la plus moderne. Force est néanmoins de reconnaître à
l'actuel directeur du *Figaro-Magazine* une certaine continuité dans

le ton et de relever qu'il investit dans sa défense du libéralisme une
énergie chargée d'un mysticisme guère entamé par l'avortement
de l'utopie de Sri Aurobindo. Converti au libéralisme, Pauwels
ne s'est pas pour autant mis à la raison. Nous ne songeons pas à
lui reprocher sa fidélité aux mobiles de sa jeunesse mais seulement
à suggérer de quelles nuances irrationalistes se teinte le libéralisme
lorsqu'il passe par son crible.

Eloquente, sur ce dernier point, l'allocution prononcée par
lui devant l'Association France/Etats-Unis, à l'occasion de la
réélection de Ronald Reagan[26]. On pourrait sans inconvénient
couper court si le texte de cette allocution n'illustrait par le menu
l'essentiel de ce que nous entendons démontrer, à savoir : l'affinité
du libéralisme réactivé avec la religion la plus obscurantiste,
l'exténuement pathétique de la prospective ainsi que la dérisoire
exaltation du conservatisme qui en sont le corrélat. Derrière la
versatilité de Pauwels, hier constructiviste, aujourd'hui libéral
intégriste, il convient d'identifier l'intention de fustiger la vanité
des efforts de la gauche réformatrice et d'encourager les humbles
à une pieuse résignation.

Ainsi Louis Pauwels assume-t-il volontiers, devant ses presque
500 000 lecteurs, le qualificatif de « reagano-papiste ». Car, c'est
selon lui « un signe à déchiffrer » pour l'avenir que ces « deux figures
charismatiques », mystérieusement élues par l'Histoire et ayant
scellé leur communauté de destin dans le fait d'avoir échappé aux
balles d'un assassin. Lui le libéral militant, invité à saluer le succès
électoral de Reagan, ne tarit pas d'éloges pour la divine Providence
qui a voulu l'avènement et la confirmation de ce Président, fort
d'avoir su s'imposer au moyen de la morale et de la religion autant
que par sa gestion efficace des affaires publiques. « La reconquête
doit être fondamentale. C'est ce que Reagan et ses inspirateurs
ont compris. C'est ce que nous devons comprendre. » L'orateur
peut ensuite énumérer les raisons de la supériorité du libéralisme
sur le socialo-communisme dont nous pâtissions alors et ce en
récitant scrupuleusement les versets d'un catéchisme de plus en plus

26. Allocution publiée par *Le Figaro-Magazine* du 26 janvier 1985, sous le titre :
« La grande leçon que nous donnent Reagan et son équipe. »

seriné : l'attachement au capitalisme en tant qu'ordre spontané, la salutaire baisse américaine de l'impôt sur le revenu, le refus de l'Etat-Providence et l'encouragement au travail, prodigué au peuple ainsi qu'à l'élite des entrepreneurs. Tout cela doit certes être rappelé mais ne saurait dissimuler que, pour Pauwels, l'essentiel tient dans la philosophie sociale qui anime de telles mesures. C'est de celle-ci qu'émane la légitimité du système politique américain et en elle que s'éprouve la conviction d'assurer à l'Occident un rayonnement durable.

Sur le terrain philosophique, Pauwels formule donc la leçon à retenir du reaganisme en même temps que la conception du monde inséparable des théories puisées chez Hayek. Il ne s'agit donc plus là, à proprement parler, de l'exposé des solutions appliquées à la crise mais de la détermination des attitudes qui garantissent à l'homme son salut dans un monde qu'il doit renoncer à maîtriser. Parmi ces attitudes : *l'humilité*, d'abord, cette vertu qui manque tellement à l'homme faustéen des sytèmes socialistes, cette piété qui promet seule la rédemption. « Le libéralisme est donc, dans la pensée, un acte de modestie en considération de la majesté de l'homme et de la présence de la main invisible. Et le socialisme, comme le communisme, est une démesure de *l'esprit-qui-dit-non*, un péché d'orgueil commis au détriment de la nature des choses et de la nature humaine, enfin un acte de rébellion contre la main invisible. » Traduction en termes délibérément religieux de la critique hayékienne du constructivisme car le consentement à la pensée libérale doit décidément rayonner de la foi du charbonnier. *Le conservatisme*, ensuite, qui étoffe l'idée libérale de la sagesse du passé et de cette « morale transcendante qui assure la durée des principes essentiels comme la famille ou la propriété, ou comme la pratique des vertus en provenance d'une vérité révélée ». *La religion*, donc : ce conservatisme fondamental qui perpétue la seule authentique révolution, celle qui s'est produite voici deux mille ans, et qui ajoute au libéralisme un surplus d'âme en lui injectant les vertus d'altruisme et de charité à titre de modérateurs : « Je pense qu'une alliance nouvelle et ouvertement déclarée entre le christianisme et le libéralisme serait et, je crois, sera la chance suprême de notre civilisation. » Conversion ô combien opportune chez un auteur qui affectait encore de déplorer en 1978, dans *Comment on devient ce qu'on est* (Ed. Stock), ne pas sentir ses racines dans les origines du christianisme, ne pas y reconnaître son fond culturel; il est vrai qu'il sympathisait alors avec l'entreprise intellectuelle du Groupement de Recherches et d'Etudes pour la Civilisation européenne (le GRECE) et qu'il soutenait la Nouvelle Droite dont l'ennemi déclaré est précisément le judéo-christianisme et, avec lui, le libéralisme[27]. Pour clore cet éloge du reaganisme dont Pauwels souligne qu'il est conforme aux aspirations de « l'homme de la rue » et qu'il a justement en vue de « réhabiliter les braves gens », *les valeurs nationales* délivrent la péroraison : « Dans une société qui s'est fondée sur la référence biblique, le patriotisme est indissociable du sentiment religieux. Mais il en est peut-être indissociable dans toutes les sociétés du monde libre. »

L'inflation des bons sentiments qui déferlent avec la marée libérale étourdit presque. G. Sorman présentait le libéralisme comme une idéologie rendant finalement superflue l'idéologie elle-même pour mieux sustenter un pragmatisme de la simplicité; L. Pauwels l'expose comme une métaphysique de la nature et une morale encourageant à renouer avec la foi du pauvre en esprit; entre les deux, Hayek aura lui-même prescrit le retour « à un monde où notre vie est guidée non pas par la seule raison, mais par la raison *et* la morale, en partenaires égaux » (Conférence au Mont-Pèlerin).

La politique comme apostolat

Comment s'étonner qu'avec de telles cautions, nos hommes politiques en mal de pouvoir n'hésitent pas à s'engager sur le même terrain pour décliner complaisamment leur axiologie et confesser à l'envi leurs angoisses métaphysiques ? Témoin : François Léotard, député-maire de Fréjus et secrétaire général du Parti républicain. Avant même qu'il ne devienne ministre de la Culture et de la Communication, la presse le décrivait comme « le produit le plus agité de la fantasmagorie médiatique qui, sur fond

27. V. sur ce point Pierre Taguieff, « La nouvelle droite contre le libéralisme », in *Intervention*, n° 9, 1984.

de sondages, séduction et marketing, fabrique les nouveaux princes
qui nous gouvernent ». Plus la notoriété de ce séduisant libéral
grandit, plus l'expérience de la vie monastique qu'il fit jadis chez
les Bénédictins nous fut imposée par les médias. Comme si une
vocation religieuse précoce devait constituer, en cette époque de
retraite généralisée, le meilleur argument électoral, le plus évident
gage de compétence et de probité. Journalistes et conseillers en
communication savent mieux que personne ce qui peut faire vendre
un homme politique : chez Léotard « cette parenthèse hors du
siècle » expliquera les « arcanes d'une intériorité complexe » et
déchirée. « Le brutal projecteur de télévision ne laisse jamais oublier
la lumière du vitrail », ainsi que l'expriment des journalistes du
Monde qui se plaisent à jouer du clair-obscur d'un personnage
chez lequel « Kierkegaard tempère Machiavel, Péguy corrige von
Hayek »[28]. Interrogé par Jacques Frémontier, F. Léotard précise
bien que son expérience bénédictine fut esthétique et non pas
éthique ou métaphysique et on comprend dès lors que si elle
retentit encore dans la vie de l'homme politique, ce n'est guère
pour l'inciter à réaliser en ce monde la Cité de Dieu. Comme chez
le dernier Pauwels, la religion qui éclaire l'engagement libéral de
cet homme est avant tout dissuasive : elle appelle à la modestie,
elle enjoint de ne pas tenter le diable, c'est-à-dire les idéologies
rédemptrices, bref : elle prescrit la soumission au temps — soumission que François Léotard, populaire coureur de fond, paraît vouloir obstinément afficher. C'est pourquoi sans doute le sentiment
de la mort hante tellement les confidences de ce politicien montant.
Au point qu'on se demande parfois comment son pessimisme relatif
au progrès, à l'altruisme et à la charité[29] peut bien l'inciter à galva-
niser un peuple dont il s'inquiète par ailleurs de l'inertie croissante
et de la désillusion douloureuse. « Mon bonheur n'est pas dans la
vie politique », déclare cet apôtre de la déréglementation ; et, pour
aller plus loin, « je suis un angoissé, un homme qui doute plutôt
qu'un homme qui prêche pour convaincre ». Décidément, la poli-

---

28. Ch. Fauvet-Mycia et Michel Kajman, La course de fond de François Léotard,
Le Monde du 21 janvier 1986.
29. Cf. J. Frémontier, *op. cit.*, p. 156, auquel nous empruntons les propos de
F. Léotard qui suivent.

tique devient un apostolat bien anodin : on y émarge pour témoigner et non pour construire — pour combattre le mal et non pour réaliser le bien. « Je me sens mieux dans l'opposition qu'au pouvoir. Notre logique, c'est de refuser avant même de proposer. Fort et beau ! L'esthétique de la dissidence ! » Quoi qu'il en pense, F. Léotard vend bien son image et c'est cela qui devrait troubler : que le public le donne de plus en plus comme présidentiable, voilà qui en dit long sur le désir d'avenir qui anime notre société.

Mais, pour être juste, François Léotard ne cède pas toujours au discours démobilisateur. Il a aussi des accès de messianisme, comme le prouve cette déclaration rapportée par *Le Monde* du 24 avril 1983 et que nous voudrions citer un peu longuement parce qu'elle traduit à la fois l'apocalyptisme qui tient souvent lieu d'arguments pour les adversaires du socialisme et le discours vigoureux que la gauche n'osait plus prononcer en 1985, elle qui fut pourtant élue en 1981 sur la base d'un « principe d'espérance » : « Ou les Français sont capables de retrouver un intérêt commun, une solidarité, ou ils sont fascinés par le vide, par une tentation morbide de non-existence, et succombent au principe de jouissance immédiate, et cela est très grave. Nous devons avoir à l'esprit l'idée qu'une civilisation est mortelle, que la démocratie est peut-être derrière nous. Cet affaissement de la volonté, dont le pouvoir n'est évidemment pas uniquement responsable, est un phénomène qui ne peut laisser indifférent aucun des hommes politiques français. » Tonique déclaration, en vérité; mais comment le diagnostic si alarmant qu'elle comporte s'accommode-t-il de l'offensive dirigée contre les politiques d'inspiration prométhéenne ? Comment la crainte de voir les citoyens déserter la vie publique trouve-t-elle à tirer argument du refus libéral de réformer la société ? Inconséquence du libéralisme dogmatique, prompt à déceler dans l'affaissement de la volonté la racine des maux présents et qui interdit, par conviction non interventionniste, de proposer autre chose qu'un idéal religieux, c'est-à-dire : une foi pour relativiser ces mêmes maux[30] ! Au moins la sagesse de Raymond Aron, celui dont on a tellement dit à la légère le scepticisme, était-elle plus consis-

---

30. Cf. les propos de Charles Millon, *in* J. Frémontier, *ibid.*, p. 159.

tante. C'est lui qui écrivait, au lendemain de l'élection de François Mitterrand : « Encore faut-il, le jour où les faveurs des électeurs reviendraient aux vaincus d'aujourd'hui, que ceux-ci apportent aux Français, au-delà d'avantages sociaux, *une représentation de la bonne société* différente de celle du Parti socialiste. Les partis peuvent garder le pouvoir sans projet : peuvent-ils le reconquérir quand ils n'en ont pas ? »[31]. Un projet de société ? Qui l'eût cru parmi ceux qui s'habituent à penser qu'une croyance ne saurait jamais concerner que l'au-delà ? Qui l'eût cru, même, parmi ceux qui, émules de la gauche, enregistrent la caducité de l'argument électoral d'un « choix de société » et qui constatent, avec J. Julliard par exemple, que le programme politique est devenu « un simple instrument de description de personnalités politiques qui réclament en réalité le pouvoir et la confiance »[32] ? Reste que, derrière la disqualification généralisée de la prospective, le problème le plus urgent consiste dans le succès grandissant des thèmes libéraux assaisonnés de ces nébuleuses injonctions à nous confier à notre maître à tous : le temps. Si la religion fait ainsi retour, une religion sans éthique, n'est-ce pas décidément pour dissimiler le vide que le libéralisme est de toute façon impuissant à combler ?

Jacques Julliard explique la pénétration sans entraves des idées de Hayek par la sclérose de la culture de gauche[33]; de son côté Pierre Manent justifie le glissement à droite de l'opinion française par « l'incompétence rhétorique » de la gauche[34]. Qu'on ajoute donc à cela le constat longuement analysé par *Le Monde*, durant l'été 1984, d'un rejet universel de la politique. Parce qu'elle se présente volontiers comme une antipolitique, parce qu'elle affecte le simplisme qui agrée aux « braves gens » et qu'elle offre les meil-

---

31. R. Aron, La nouvelle République (III), Jusqu'à la fin du siècle..., *L'Express* du 21-27 août 1981. C'est nous qui soulignons.

32. J. Julliard, Epinay-sur-Seine et retour ou la fin d'un cycle, *Intervention*, n° 13, 1985, et *La faute à Rousseau, op. cit.*

33. « La culture de gauche, pour avoir été longtemps dominante, s'est avachie. Elle a pris du poil, du ventre, des rides, du rhumatisme articulaire. Elle s'est mise, sous ses principes, à l'abri des entreprises de l'esprit. Voilà cinquante ans que ses politiciens n'ont pas eu une idée nouvelle et qu'ils tirent à vue sur quiconque en nourrit une. » J. Julliard, La nouvelle idole de la droite, *loc. cit.*

34. « Ce qui a, dès le début, perdu la gauche, ce n'est pas son incompétence économique supposée, ce n'est aucune des décisions qu'elle a prises. C'est son discours. Son incompétence fut d'abord rhétorique », Pierre Manent, *L'Express* du 5-11 octobre 1984.

leures garanties de bonne moralité, la métaphysique libérale
l'emporte donc, presque sans résistance. Le pire est en effet qu'à
force de répéter qu'elle n'a pas de projets clairement articulés et
formulés, ce qu'on a nommé « la seconde gauche » s'est elle-même
trouvée entraînée par la vague déferlante des missionnaires de la
main invisible.

La défaite de la volonté

Dans un article du *Monde*, Michel Rocard reconnaissait qu'entre
le programme socialiste et la plate-forme élaborée par l'opposition
pour les législatives de 1986, il y avait bel et bien des valeurs communes et même des convergences : « le besoin accru d'autonomie
des individus et des groupes, le développement nécessaire de l'esprit
d'initiative et le rôle de l'entreprise, les rapports Est-Ouest ou la
lutte contre l'inflation »[35]. C'était dire que, contrainte à la prudence
par les échéances électorales, la droite en campagne eut bien du
mal à affirmer une spécificité. C'était dire également que la gauche
qui doit contribuer, avec Michel Rocard, au « socialisme éthique
et libertaire » auquel en appelle par exemple J. Julliard n'a pas
l'archaïsme dont la taxait l'opposition d'alors. La droite n'est évidemment pas exempte d'hypocrisies et M. Rocard, dans son article
du *Monde*, relève ses silences et dévoile ses mensonges. La gauche
a ses pesanteurs que le même Rocard peut fustiger à l'occasion. Il
n'en demeure pas moins qu'entre elles, « la guerre de religion »
n'est pas une fatalité. La preuve en était faite dès le début de la
législature socialiste : entre Pierre Rosanvallon et Yves Cannac, le
dialogue, à défaut d'être fécond, était tout à fait possible. Ce n'est
certes pas aux militants de la CFDT ou aux socialistes rocardiens
qu'on pouvait apprendre les méfaits d'une démocratie hégémonique, eux qui défendent depuis toujours le modèle d'une société
plurielle, sachant gérer la conflictualité inséparable du social. Voilà

---

35. Cf. Le libéralisme est démodé, *Le Monde* du 24 janvier 1986, article dans lequel
M. Rocard estime, à la veille des élections de mars, que l'idéologie libérale qui servait
de caution à l'opposition est contrainte d'avouer ce qu'elle est : « Une mode qui se
démode. » V. aussi M. Rocard : *A l'épreuve des faits* (Textes politiques 1979-1985),
Seuil, coll. « Points », 1986.

des années qu'ils ont engagé le débat autour de la question du poids de l'Etat dans la vie du pays. Reste qu'à examiner l'évolution de la réflexion menée sur ce terrain par la droite, on a le sentiment que la seconde gauche s'est laissé ravir ses idées et qu'elle assiste même aujourd'hui, impuissante, à l'élaboration de sa problématique dans un sens qu'elle n'avait pas prévu. Façon lapidaire d'exprimer ce sentiment de ruineuse dépossession, l'interrogation qu'énonce Jacques Delors le 18 juin 1984 : « Comment les socialistes ont-ils pu se faire voler le thème des libertés ? »

Comment, en effet, et à quel prix ? Ceux qui ont défendu, dans les années soixante-dix, l'autogestion pouvaient-ils se démarquer, par avance, du libéralisme prônant la limitation du pouvoir politique, de quelque nature qu'il soit ? En souscrivant à la critique des totalitarismes dans ce qu'elle instruit des risques encourus par les libertés dans une démocratie hyper-centralisée, les analyses de Rosanvallon et Viveret aplanissaient en même temps le terrain pour une future redécouverte de Montesquieu, théoricien des pouvoirs intermédiaires. L'antienne libérale de retour ne pouvait prendre de court nos théoriciens anti-jacobins qui, sans forfanterie aucune, durent croire que leurs idées allaient élever le débat et, bientôt peut-être, s'inscrire dans les faits. Ainsi était-ce moins pour polémiquer que pour rectifier la stratégie politique d'alliés virtuels que Rosanvallon dénonça rapidement l'archaïsme de l'alternative privatisation-étatisation sur laquelle les libéraux trop pressés prétendent s'appuyer pour faire pièce à l'Etat-Providence. L'analyse plus avertie qu'il leur objectait révèle, en effet, que la demande de redistribution n'est pas sur le point de tarir, que la soif de protection sociale est loin d'être étanchée et que, surtout — conformément aux réflexions que nous avons rencontrées chez Claude Lefort — l'individu privatisé est en réalité propice au développement de l'étatisme. Pour ces raisons et quelques autres, les penseurs de la seconde gauche se montraient de prime abord qualifiés pour déterminer le libéralisme dont la France a besoin : non pas celui de la concurrence débridée qui débouche sur le darwinisme social mais bien plutôt celui des pouvoirs intermédiaires — celui que Tocqueville admirait dans l'Amérique de 1830, riche en associations de toutes sortes, précisément formées pour conjurer le pouvoir absolu de la majorité qui fragilise la démocratie et pour éviter l'incontrôlable glissement de l'individu vers l'Etat. En 1978, l'ouvrage de Viveret et Rosanvallon, *Pour une nouvelle culture politique*, proposait déjà des solutions inspirées d'un libéralisme de ce type : promouvoir des communautés horizontales brisant le jacobinisme régnant, développer de la sociabilité pour réduire la demande d'Etat — militer, finalement, pour l'essor d'un droit social. Sous leur plume se trouvait en fait décrit « le principe de subsidiarité horizontale » par lequel les actuels adversaires du socialisme entendent rappeler que l'Etat n'est là que pour apporter une aide subsidiaire mais ne doit jamais imposer ce que les individus ou les groupements peuvent faire par eux-mêmes. Dans *La critique de l'Etat-Providence*, P. Rosanvallon, en tocquevillien convaincu, formule ce qui sert à présent de bréviaire aux chantres de la modernité politique : « Il n'y a pas d'autre voie possible que de *rapprocher la société d'elle-même*. Il s'agit de la rendre plus épaisse, de multiplier les lieux intermédiaires de composition sociale, de réinsérer les individus dans des réseaux de solidarité directs » (p. 119).

Autant de préceptes qui auraient dû faire du libéralisme l'objet d'un combat et constituer, à titre de consignes, le motif de l'exercice d'une volonté politique arrêtée. La « seconde gauche » pouvait bien disparaître en tant que telle[36] en se disant qu'elle avait représenté l'avant-garde d'une politique en passe de faire l'unanimité. Car, désormais, l'appartenance à son mouvement n'avait plus lieu de se distinguer de l'adhésion au camp républicain, c'est-à-dire à la famille extrêmement diverse de ceux qui, disciples de Montesquieu, s'efforcent de limiter la sphère étatique en soutenant les pouvoirs secondaires[37]. Mission terminée, en somme, pour cette gauche qui aurait à sa façon brossé le paysage politique où prédomine le thème des libertés. La voie était frayée par elle qui aurait permis au libéralisme de s'accompagner d'une volonté explicitement orientée vers des objectifs tangibles au lieu de noyer le désir d'agir publiquement dans l'homéostase du marché. Bref, quelque chose de l'opti-

36. Cf. sur ce point *Esprit*, 1983/12, « La gauche expérience faite », les articles de J.-M. Besnier, J. Rollet et O. Mongin.
37. Cf. par ex. B. Manin, Pourquoi la République ? *Intervention*, n° 10, 1984.

misme révolutionnaire des petits-enfants de 1789 aurait pu survivre.

Las ! On entend dire que les Français n'ont pas répondu au formidable espoir que la gauche triomphante avait cru porter et qu'ils se sont installés en insatiables solliciteurs de droits-créance. On souligne à l'envi que leur désertion de la vie publique et leur désaffection à l'égard des valeurs collectives témoignent d'un exténuement de leur volonté de société et que cela suffit à expliquer que les associations, au lieu de se multiplier pour contrecarrer le « social-étatisme », s'essoufflent piteusement. Bref, on s'aperçoit que la gauche a surestimé au départ le dynamisme des Français et que le « libertarisme » qui animait l'une de ses composantes a fait chou blanc. Est-ce dû à l'effet prolongé de la crise ? Est-ce à cause de la prégnance de l'économique dont Marcel Gauchet note judicieusement qu'elle provoque chez nous « la rupture avec ce schème de la volonté (de la société comme *voulue*) » qui prévaut dans les sociétés traditionnelles[38] ? Toujours est-il que cette surestimation de la motivation politique des Français va de pair avec une sous-estimation de l'impact médiatique des idées libérales les plus simplistes, celles que véhiculent Louis Pauwels et ses publications, par exemple, et qui démettent le volontarisme pour mieux honorer le marché tout-puissant. De sorte que les penseurs de la gauche non résignée n'ont plus guère le choix : il leur faut dire clairement que s'ils se reconnaissent bien républicains, c'est au sens où, selon eux, l'idée de la chose publique exige une autorité collective, confiante dans sa maîtrise des conditions communes de vie et que, à cet égard, le libéralisme de Hayek est antirépublicain puisqu'il s'assortit de la défaite de la volonté. En ce sens, Bernard Manin et d'autres commencent à faire entendre leur voix, proclamant qu'ils sont peu disposés à laisser brader les idéaux de gauche au profit d'une vulgate libérale qui, en guise de solutions, prône une plate soumission au hasard : « La solution libérale absolutiste, celle d'Hayek par exemple, consiste à persuader les individus que le marché est un absolu intangible, que de toute façon les résultats qu'il produit sur leur situation concrète n'ont été voulus par personne et ne sont au

38. Marcel Gauchet, De l'avènement de l'individu à la découverte de la société, *Annales*, n° 3, mai-juin 1979.

pouvoir de personne : ils doivent donc être acceptés comme une fatalité ou un destin »[39].

Contre cette supposée fatalité, la difficulté d'une stratégie pour réhabiliter la volonté tient non seulement à l'inertie qu'il s'agit de secouer mais aussi au quiétisme que l'adversaire a su inoculer. Nous avons longuement décrit le prolongement éthico-religieux qu'a su se donner le libéralisme radical. Hayek, se souviendra-t-on, n'hésite pas à associer son combat pour l'ordre libéral à celui destiné à imposer l'ordre moral, et ce pour la sauvegarde proclamée de l'Occident chrétien. Chacun connaît, même sans avoir lu Sorman ou Pauwels, certaines données du retour aux valeurs morales dont s'accompagne la révolution conservatrice américaine : le reflux du féminisme, la contestation de la liberté d'avorter, le rétablissement de la peine de mort ou le durcissement du régime carcéral. Si le trio « Travail-Famille-Patrie » suscite encore, en France, une résistance d'ordre historique, l'Amérique libérale le scande sans arrière-pensée et avec un enthousiasme qui éveille déjà l'envie des fidèles du *Figaro-Magazine*. Bref, la critique du libéralisme pur, même menée au nom de l'idéal républicain, ne saurait minimiser l'investissement en moralisme et religiosité que les ténors de la société de marché ont habilement réalisé. En cette période de doute généralisé, c'est pour eux une indéniable force : ils occupent le terrain des valeurs morales que la gauche, obsédée par l'économie, a délaissé et ils exposent qui les menace à la vindicte d'un public manifestant toujours plus d'attachement à la sécurité que procurent la famille, les convictions religieuses ainsi que les vertus laborieuses.

39. B. Manin, Pourquoi la République ?, *loc. cit.*, p. 19.

CHAPITRE V

La famille toujours sainte

Lien social et religion

On ne saurait impunément abandonner un peuple à lui-même, et la prétention des hommes à se gouverner rend plus vive la nécessité d'une puissance spirituelle. Inscrite dans le plan divin — puisque le message du Christ est celui de l'égalité —, la démocratie selon Tocqueville ne périme pas la religion : « Que faire d'un peuple maître de lui-même, s'il n'est pas soumis à Dieu ? »[1]. Point d'Etat démocratique sans référence morale, et donc sans religion. Si le pouvoir n'est plus fondé en Dieu, il faut prévenir les débordements par un principe de contention des âmes. En un sens la démocratie reste donc religieuse, par ce point d'arrêt d'ordre moral et non plus politique qui semble indispensable à Tocqueville pour maintenir dans des limites raisonnables le débat public, pour régir la vie démocratique entre des individus conscients de leur communauté d'appartenance.

Subsistance religieuse plus que religiosité fondatrice. A l'écart du jeu démocratique, les repères religieux garantissent une stabilité et une communauté spirituelle en rendant impossibles les dérives abyssales, en conjurant les divergences vouées à l'irréconcilié. Rien à voir avec la régression totalitaire comme dénégation de la

1. Alexis de Tocqueville, *De la Démocratie en Amérique*, Paris, Gallimard, 1961, vol. I, p. 308.

nouveauté démocratique, comme retour à une communauté humaine conforme à un plan préétabli au sein duquel la solidarité des individus, comme les pièces d'une machine, est garantie par la divine ingéniosité d'un Père du peuple. Chez Tocqueville la persistance du lien religieux est un ultime rempart, un recul devant la vertigineuse mobilité démocratique qu'il découvre simultanément. Comme si la laïcité essentielle à la démocratie, dans la mesure où le lien social ne suppose plus une réponse collective aux questions ultimes sur le sens de l'existence, ne pouvait être pleinement acceptée. De là cette référence obligée à une religion, certes séparée de l'Etat, mais recouvrant la totalité du champ social, y assurant une homogénéité dépourvue d'uniformité. Ainsi, souligne Tocqueville, « les Anglo-Américains (ont) plusieurs religions, (mais) ils ont tous la même manière d'envisager la religion »[2].

Peut-on penser le lien social sans référence à une religion ? D'une certaine manière, la démocratie est à ce prix, la cohésion sociale qu'assuraient les religions disparaît à mesure que le sens et les raisons de l'organisation collective sont mis en débat. Toute religion n'est certes pas réductible à une forme quelconque de soumission à une divinité. Hypostase du lien amical chez Pierre Leroux, revendication d'une existence autre que celle définie par le cercle de la nécessité matérielle chez les philosophes plébéiens qu'évoque Jacques Rancière[3], elle relie horizontalement des hommes sans médiation transcendante évidente. Mais elle se définit davantage alors comme une tâche qu'en tant que réalité ontologiquement fondée : elle contient la reconnaissance de ce qu'elle veut conjurer, la division et la concurrence qu'engendrent les lois du marché, et plus radicalement la solitude en foule d'individus ayant à vivre ensemble sans savoir au fond pourquoi, pour des raisons dont ils ont à débattre, démocratiquement.

Si le lien social ne peut se penser en démocratie qu'à travers l'épreuve d'un individualisme radical, ne sommes-nous pas au seuil d'une ère nouvelle ? En un sens les démocraties sont longtemps restées tocquevilliennes : l'efficacité sociale de la religion,

2. *Op. cit.*, vol. I, p. 390.
3. Cf. Jacques Rancière, *La nuit des prolétaires*, Fayard, 1981.

parfois dans le contexte institutionnel d'une séparation de l'Eglise et de l'Etat, y subsistait. La déchristianisation massive est en train d'y mettre fin, mais selon des voies et des moyens qui révèlent la complexité des phénomènes en jeu, comme la persistance du conflit archaïque autour des écoles privées en témoigne. Tout se passe comme si des couches de religiosité venaient en surface, le lien entre religion et communauté vivante s'avérant plus profond que prévu, et susceptible, comme un symptôme têtu, de tous les déplacements.

Et si la religion n'était plus aujourd'hui à chercher où nous la repérons ordinairement ? Prendre au sérieux le surprenant débat autour des écoles privées revient d'abord à y voir une affaire de pères et de mères de famille, et plus généralement l'effervescence autour d'une institution à la fois sacrée et profanée, menacée de désacralisation.

La « religion de la famille » n'est-elle pas celle qui compte le plus d'adeptes ? Inventeur de la formule, Proudhon lui assignait un sens précis[4]. Il ne désignait par là ni l'appartenance religieuse de telle ou telle famille, ni la religion domestique que Fustel de Coulanges a décrite. Il n'affirmait pas que se reconnaître membre d'une même famille revient à vouer un culte aux mêmes dieux, aux mêmes ancêtres. Le culte des morts, dans la cité antique, lie entre eux les membres vivants de la famille par référence à une antériorité fondatrice. La transcendance des ancêtres permet de définir les relations, étroites, mais exclusives de toute confusion, de la famille et du sacré.

La communauté familiale romaine n'est pas sacrée par elle-même, mais, à la faveur du culte rendu en famille aux ancêtres, elle bénéficie d'une sacralisation par participation. La tradition chrétienne offre une autre modalité d'une telle sacralisation dérivée de la famille. Proudhon, si hostile au dogmatisme des religions, et en particulier à celui de la religion catholique, ne sanctifie pas la famille en lui restituant sa place dans un plan divin. Il la valorise et la sacralise pour elle-même. Le mariage, selon lui, est une réalité sainte, mystérieuse, et intangible. La destruction de la famille par

---

4. Cf. P.-J. Proudhon, *Lettre au citoyen Rolland* du 13 mai 1861.

le divorce est une profanation. Cet enseignement, strictement fidèle à la morale chrétienne, lui est pourtant opposé dans son principe, puisque la famille ne tire à ses yeux que d'elle-même sa valeur absolue.

Ainsi, Proudhon annonce singulièrement notre temps. Son apologie de l'autorité du patriarche fait figure d'anachronisme, et l'ensemble des normes de vie familiale qu'il prône, exposées dans leur détail, paraîtraient désuètes. Pourtant, en dépit de modifications profondes, la cellule familiale subsiste massivement dans les faits, son état se trouve périodiquement l'objet de communiqués et de commentaires, et plusieurs ouvrages récents, comme celui d'Evelyne Sullerot[5], *Pour le meilleur et sans le pire*, ont remis à jour une sacralisation parfois inavouée, mais sans doute omniprésente, de la vie familiale.

En sacralisant la famille sans se référer à une religion révélée, Proudhon annonce donc notre société apparemment laïcisée, d'où le sacré semble disparaître, mais où la famille se trouve investie d'un « pseudo-sacré », devient le lieu d'une religiosité insoupçonnée et tenace, parfaitement hostile à tout examen rationnel. La famille se serait transmuée en religion. Elle ne recevrait plus d'une religion ses fondements, étant elle-même devenue fondatrice. Religion sans théologie, à la fois insidieuse et discrète, toute parée de psychologie, toute enrubannée d'évidences, presque insaisissable et irréfutable.

Dans un court et dense ouvrage, *La famille ; les illusions de l'unité*[6], Marie-Odile Métral pose à cet égard une question essentielle : « Tout paraît se passer comme si le recul de la religion avait déplacé le sacré sur d'autres institutions, et la famille n'est-elle pas devenue un des lieux de cristallisation du sacré ? »

Au moment où il n'est bruit que d'individualisme, l'idée d'une sacralisation de la famille peut sembler inappropriée pour décrire nos présentes mutations. Mais sait-on bien ce qu'il en est de l'individualisme ?

Dans un chapitre de *La Démocratie en Amérique*, « De l'indivi-

---

5. Evelyne Sullerot, *Pour le meilleur et sans le pire*, Fayard, Paris, 1985. Cf. également G.-F. Dumont, *Pour la liberté familiale*, PUF, 1986.
6. Marie-Odile Métral, *La famille ; les illusions de l'unité*, Ed. Ouvrières, 1979.

dualisme dans les pays démocratiques », Tocqueville indique que :
« L'individualisme est un sentiment réfléchi et paisible qui dispose
chaque citoyen à s'isoler de la masse de ses semblables et à se retirer
à l'écart, avec sa famille et ses amis... » Si l'individualisme est originairement familial, la sacralisation de la famille et l'individualisme peuvent un temps aller de pair, même si, comme nous le
pensons, ce couple instable est, lui aussi, en train de se déchirer.

L'hypothèse que nous retenons ici consiste à tenir l'institution
familiale pour la religion de notre temps. La famille fonctionnerait
comme une religion, c'est-à-dire comme un pôle de valeurs indiscutables et comme un ensemble de pratiques relativement homogènes et ritualisées, entre les membres d'une société qui érige en
principe la discussion publique des choix politiques et le débat
autour des intérêts divergents. Elle serait ainsi le lieu de constitution du consensus sur le socle duquel peuvent se déployer les diffé-
rends de tous ordres sans que cette diversité ne vienne entamer ou
rompre l'unité politique de la société.

L'attitude des hommes politiques à l'égard de l'institution familiale confirme, semble-t-il, le bien-fondé de cette hypothèse.
L'unanimité est en effet sans failles. Du Parti communiste français
au RPR, la famille fait l'objet d'une indéracinable vénération. La
famille — une famille moderne, dont les normes se sont progressivement déplacées et assouplies — demeure au-dessus de tout
soupçon. Les divergences relatives aux politiques familiales apparaissent bien légères lorsqu'on les replace dans leur contexte, celui
de l'éloge général de l'institution familiale, cellule de base de la
société que chacun entend bien protéger, si possible au moindre
coût.

Le paradoxe de ce culte de la famille est qu'il relève de la vie
privée, tout en assurant — mais sans doute est-ce un leurre — par
son universalité de droit et de fait davantage questionnée aujour-
d'hui, une homogénéité de convictions et d'attitudes dont les
effets sociaux et politiques furent jusqu'à présent jugés irrem-
plaçables.

Sans la prise en compte de ce rôle indirectement politique de la
famille, on ne comprendrait pas le cri d'alarme lancé par Evelyne
Sullerot dans son ouvrage, *Pour le meilleur et sans le pire*. L'auteur

y expose que la société est un organisme vivant dont l'existence
et le renouvellement, comme celui d'un tissu biologique, reposent
sur les échanges entre ses éléments. La vieille métaphore biologique
sous-tend des analyses du lien social qui privilégient largement le
privé aux dépens du public, et le domestique aux dépens de l'économique. Textile naturel, le fameux « tissu social » ne résisterait
pas au premier accroc s'il reposait seulement sur le système des
prélèvements et des prestations mis en œuvre par l'Etat-Providence.
Les idées communes, les origines régionales, les activités partagées
dessinent son motif, mais « la trame » de la société civile, ce sont les
couples, et les liens des parents et des enfants constituent « la
chaîne » du tissu. Le « noyau familial », issu des nœuds du mariage,
est au croisement de la « trame » et de la « chaîne ». La cellule de
base est bien ici, comme chez Auguste Comte, non l'individu,
mais la famille nucléaire.

Or le mariage, assure Evelyne Sullerot, forme d'union sociale
des couples, et lieu d'édification des solidarités effectives les plus
solides et les plus durables, est aujourd'hui menacé. Les couples
non mariés, les familles « naturelles », ne sont plus marginalisés.
Les situations anormales sont de moins en moins minoritaires, et le
tissu social « se déchire ».

Le contexte théorique de l'examen des faits détermine ainsi
d'emblée l'enjeu des mutations évoquées. La redistribution des
revenus par l'Etat-Providence, seule allusion aux liens politiques, n'est évidemment pas pour l'auteur au centre de la
constitution des solidarités fortes. Quant à la vie économique,
elle s'inscrit dans le cadre de la vie des couples, dont elle
est une des dimensions, puisque les époux se doivent mutuellement assistance, qu'ils forment un « ménage » et une « unité de
consommation ». En somme, si les liens de famille sont les seuls
véritables liens, on comprend la gravité de la situation s'ils viennent
à se distendre. Or l'évolution des mœurs s'accompagne d'une
remise en question de la norme familiale, donc de la trame de la
société civile. Dans cette perspective, les problèmes posés par cette
évolution ne relèvent plus des ajustements administratifs et juridiques périodiquement nécessaires. L'essor de l'union libre, la
prolifération des divorces n'apparaissent plus seulement comme

des phénomènes sociaux dont il importerait de prendre la mesure, éventuellement en mettant fin à certaines incohérences administratives au niveau du mode d'imputation des prélèvements et d'attribution des prestations, mais comme une menace qui pèse sur toute la vie sociale, un risque de faillite économique et morale, le tissu social rapidement effiloché par des individualités sans scrupules laissant la place à un Etat tentaculaire et totalitaire.

Ce catastrophisme moralisant mêle ainsi l'information et la condamnation, l'énoncé chiffré des faits et l'apologie sans retenue de la cellule familiale, des valeurs qu'elle suppose et entretient, des devoirs et des droits qui lui sont afférents.

Pour Evelyne Sullerot, l'indulgence coupable d'une société prospère à l'égard de ses marginaux se retourne aujourd'hui contre elle : la dissolution des mœurs a fait école, et la sollicitude pour les défavorisés de la fortune — mères célibataires, concubines, divorcées, enfants naturels — est détournée de son sens premier. Au lieu de compenser des injustices subies par des assouplissements juridiques et l'octroi de prestations, on encouragerait le refus du mariage et de la famille légale. De la molle tolérance on passe à la revendication, et le refus de la vie maritale prend figure de valeur positive. L'individu autonome se cherche et se réalise dans sa vie sentimentale. Des changements peuvent accompagner cette recherche, et le couple « authentique », hostile à toutes les compromissions, s'abstient de tout engagement social.

Evelyne Sullerot veut conjurer cette dérive de l'opinion, et pour cela rappelle la norme, selon elle immuable : le mariage est l'acte fondateur de la famille, c'est-à-dire du lieu, socialement codifié, de la perpétuation de l'espèce. La famille normale, « complète », est composée de l'association durable d'un homme et d'une femme élevant leurs enfants. La vie amoureuse doit s'ajuster à ces impératifs sociaux. L'individu à la recherche de son plaisir ou de son épanouissement n'est pas premier. Il peut le croire, et la cohabitation juvénile était tolérable lorsqu'elle n'était qu'un mariage à l'essai; mais si les individus vont à l'encontre des impératifs sociaux, il faut alors, dit-elle, réagir.

Les raisons pour lesquelles cette norme, en dépit des efforts de l'auteur, n'est plus unanimement tenue pour bien-fondée, méri-

teraient elles-mêmes une analyse. Mais il semble que la vénération
de la cellule familiale, dans de tels ouvrages, ait pour effet de déli-
miter *a priori* le champ des questions et des réponses possibles.
Evelyne Sullerot relate ainsi qu'à la question : « Comment savez-
vous ce qui est meilleur pour l'enfant ? », que lui adressent ironi-
quement des interlocuteurs surpris par son apologie de la vie de
famille, elle répond seulement, mais sans revenir sur ses certitudes,
« qu'elle n'en sait rien ».

Ces normes familiales, réputées indiscutables, fondent une
condamnation qui ne s'avoue pas comme telle. Evelyne Sullerot
se défend, en effet, tout au long de son livre, de condamner mora-
lement les pratiques dont elle prétend établir les conséquences
néfastes sur le plan sociologique. Mais ce sont ses convictions
familialistes qui servent en réalité d'étalon à sa critique prétendument sociologique des nouveaux styles de vie. En ce sens la
famille fait décidément l'objet d'un culte aveugle, si l'on veut bien
considérer le décalage qui existe entre l'éloge irraisonné dont on la
gratifie et les fonctions sociales qu'on s'efforce encore de lui
reconnaître.

Le Play revisité

Le rôle et la portée politiques d'une telle religion de la famille
se comprennent plus aisément lorsqu'on se réfère aux études,
vieilles de plus d'un siècle, de son plus ardent propagandiste,
Frédéric Le Play : notable du Second Empire, organisateur de la
première exposition universelle.

Frédéric Le Play a essentiellement publié un ouvrage théorique, *La Réforme sociale en France*, où il explique comment remédier
au paupérisme, et, sous le titre : *Les Ouvriers européens*, de nombreuses monographies de familles ouvrières. Un peu rapidement
relégué au magasin des curiosités préscientifiques, ses œuvres
font de lui un des fondateurs de la sociologie de la famille. C'est
en elles que se fonde cette vénération de la famille, crispée sur des
normes dont l'individualisme récent révèle l'étroitesse. Le Play
n'était pas, comme on le lui a souvent reproché, un conservateur,
mais un réactionnaire. La « Réforme » qu'il évoque n'est pas autre

chose, comme lui-même l'affirme, qu'une « Réaction », un art de remonter la pente, de reprendre en sens inverse le chemin parcouru depuis la Révolution. Loin de masquer les faits, et essentiellement pour notre propos les réalités familiales, par volonté conservatrice d'idéaliser la réalité, les principes réactionnaires de Le Play assurent la distinction de l'Idéal — l'organisation sociale passée — et du Réel — la société contemporaine. Cette distinction de l'Idéal et du Réel est à rapprocher de celle qu'il opère entre plusieurs types de familles, particulièrement en marquant l'opposition de la « famille-souche » et de la « famille instable ». La « famille-souche » « associe aux parents un seul enfant marié ». C'est donc une famille qui comprend deux couples mariés, celui des parents et celui du fils héritier et de son épouse. Elle compte aussi les frères et sœurs non mariés du fils héritier et les enfants de ce dernier. Cette famille, assez fréquente dans la partie méridionale de la France, est érigée en modèle par Le Play. Très dévalorisée au contraire, la « famille instable » se répand dans toutes les catégories sociales. La classe ouvrière est le milieu porteur de cette forme de famille dégénérée. Ces familles ouvrières sont soumises aux effets déstructurants du travail industriel et de l'urbanisation hâtive, et Le Play déplore les désordres moraux dont les taudis sont le théâtre.

La régénération, pour lui, comme pour Evelyne Sullerot, s'impose. A défaut, la Décadence serait un Destin. Si le projet réactionnaire n'est pas vain. il faut admettre le retour possible à un état antérieur. Mais il faut aussi prendre garde, une fois ce bel équilibre rétabli, de ne plus s'en éloigner.

La société régénérée devra se reproduire identique à elle-même, les changements éventuels, secondaires, n'affectant pas ses fondements, c'est-à-dire la religion, la famille et la propriété. Pour lui, il va de soi et il ne saurait être question de soumettre à examen que la famille fonde l'ordre social, qu'elle lui confère, avec la propriété et la religion, sa solidité et sa légitimité. La famille est ce sans quoi un ordre social quelconque est inconcevable, aussi ne peut-elle être de part en part historique. L'historicité de la famille est requise à titre de condition de possibilité de sa régénération, mais sa naturalité interdit d'envisager des modifications telles que son essence s'en trouverait altérée.

La famille selon Le Play est naturelle[7]. Sa formule, « La famille est naturelle dans son principe et historique dans sa forme », marque l'impossibilité de penser sociologiquement jusqu'au bout une institution exceptionnelle.

Les peuples n'instituent pas à leur gré ce qui est d'essence divine. Or dire que la famille est « Naturelle » signifie qu'elle est conforme au Plan divin. La famille est transsociale. La difficulté propre à Le Play de penser la famille sans se référer à Dieu, à un au-delà du social, révèle la nature religieuse de sa sociologie.

Marcel Gauchet a montré que la pensée religieuse doit se comprendre comme le mouvement par lequel une société reporte hors d'elle-même le lieu depuis lequel elle se pense intelligible et fondée en raison. Si la démocratie est ce régime politique où il apparaît que l'unité et le sens qu'une société se confère à elle-même ne viennent pas d'ailleurs, ne dérivent que de la volonté des citoyens, alors le passage d'une société religieuse à une société effectivement démocratique ne suppose-t-il pas cette désacralisation de la famille que Le Play repousse alors même que le fondement religieux du social est en voie de dislocation ?

Nulle part mieux que chez Le Play ne se conjuguent l'aveu d'un effritement des réalités familiales, sous l'effet de l'industrialisation, et la survalorisation ambiguë, en forme de panfamilisme paternaliste, d'une institution quasi divine. La théorie du patronage érige l'entreprise en grande famille, instaure le patron en sorte de Père tout-puissant chargé de loger, d'éduquer, de moraliser[8],

7. Evelyne Sullerot, quant à elle, écrit que « la Nature a donné à tout enfant deux parents » et invoque « le fait biologique patent qu'un enfant a un père et une mère », *op. cit.*, p. 235, p. 57.
8. Sur la question de la moralisation des classes pauvres, on lira avec intérêt l'article de Stéphane Douailler et Patrice Vermeren, Les prisons paternelles ou le grand air des enfants pauvres, in *Les Révoltes logiques*, 1979, n° 8/9.

d'enseigner et de protéger ses ouvriers. Mais l'accroissement des prérogatives du Patron-Père et la diminution de celles du père de famille sont corrélatifs, et cette institution familiale que Le Play propose apparemment de fortifier est en réalité attaquée de toute part : le panfamilisme réactionnaire de Le Play est une lecture qui s'ignore de la dépossession du familial par le non-familial. A mesure que ses fonctions s'amenuisent — et tel est bien l'enseignement que Le Play, comme malgré lui, dispense — la sacralisation dont elle fait l'objet devient évidente.

La religion de la famille trouve ainsi chez Le Play sa forme paradigmatique, non seulement parce qu'il entreprend de restaurer la famille dans ses droits, ou parce qu'il érigerait en modèle l'entrepreneur capitaliste, mais avant tout par le dédoublement qu'il opère insensiblement entre une représentation de la famille idéale et l'analyse sociologique des réalités familiales. Ce dédoublement, mis en œuvre à propos de la distinction de la famille-souche et de la famille instable, ne s'y réduit évidemment pas. La religion de la famille, dans sa généralité, se met en place en réponse à des bouleversements sociaux et culturels dont nous vivons les ultimes avatars.

Lorsque la famille cesse d'être une unité de production, lorsque le patrimoine n'est plus sa base matérielle, le marché du travail devient le lieu des engagements économiques fondamentaux, le salaire attaché aux individus la base de leur identité sociale. De cette transformation, la sociologie de Le Play prend acte sous la forme de la dénégation d'un processus d'individualisation qu'elle prétend conjurer.

Il n'est pas surprenant de voir la sociologie se tenir à distance du discours individualiste et de la valorisation de l'individu comme sujet de droit. La primauté du social sur l'individu qui n'en est que le produit semble déplacer à la fois le discours de l'émancipation politique des individualités originairement libres et celui de l'individualisme économique dont le concept de marché est la pièce centrale.

Mais la sociologie de la famille ne vient pas seulement dénoncer le mythe contractualiste d'un social qui se constituerait à partir des individualités libres. Elle ne substitue pas seulement les solidarités

effectives de la vie familiale et de l'entreprise à la fiction d'une antériorité de l'individu, elle survalorise les liens familiaux dont elle
perçoit pourtant l'effritement au profit des rapports marchands.

A la description des liens familiaux elle ajoute ainsi, mais
subrepticement, une représentation normative du lien social qui
s'étaye sur la famille.

Celle-ci permet de maintenir, au sein d'une société où l'idée
démocratique s'impose inéluctablement — où par conséquent la
société ne reçoit plus sens et légitimité d'un ordre transcendant —,
un foyer de sens à la fois inscrit dans le social et transcendant par
rapport à lui. Par là elle assure, dans une société qui exprime l'égalité de ses membres par l'idée de contrat, le principe d'une cohésion venue d'en haut. En ce sens, elle tempère le volontarisme politique en enseignant aux hommes que l'ordre social n'est pas leur
œuvre, qu'ils n'ont pas tout pouvoir sur lui, et qu'à vouloir y
toucher on s'expose à des désillusions. Cette relativisation du volontarisme politique s'effectue, on l'a vu, au profit des mécanismes du
marché, dont on soutient par ailleurs le fonctionnement en moralisant, c'est-à-dire essentiellement en familialisant, les individus.

A n'en pas douter, en effet, l'*homo oeconomicus* est un homme
marié. Adam Smith l'imaginait bien ainsi, et se méfiait pour cela
de la débauche, dont il savait qu'elle pouvait, chez les pauvres, et
en moins d'une semaine, fausser le jeu prétendument libre par
lequel la poursuite des intérêts privés sert l'intérêt général.

Ce paradoxe central des théoriciens de la « main invisible »
a parfois été relevé[9] : si l'individu, en cherchant à satisfaire ses
intérêts personnels, sans se soucier du bien commun, contribue
malgré lui, par l'effet d'une sorte de ruse de la raison, à la satisfaction des besoins de tous, si du libre jeu des passions économiques
se dégage un ordre raisonnable, l'individualisme libéral se devrait
d'être un hédonisme. Tout au contraire, il est classiquement tradi-
tionaliste : le jeu libre des agents économiques, à l'écart des excès
bureaucratiques de l'Etat, repose en fait sur une normalisation
préalable des individualités dans le cadre d'une institution fami-

9. Cf., par exemple, Jean-Michel Besnier, Bernard Mandeville, moraliste et méta-
physicien, in *Raison présente*, 1983, n° 67.

liale étroitement contrôlée, comme Durkheim l'a bien vu, par l'Etat. Alors même que la religion devient privée, la famille se voit chargée par la sociologie d'en restaurer le rôle public en fournissant un modèle existentiel et en rappelant qu'un corps de valeurs données, et non librement instaurées, organise la vie sociale.

La religion de la famille, dont les principes se mettent en place chez Le Play, et dont on retrouverait des éléments, de façon très surprenante, chez des auteurs aussi différents que Durkheim et même, paradoxalement, qu'Engels, comporte essentiellement trois aspects étroitement associés.

La dévalorisation des liens politiques, artificiels et volontaires, au profit des liens familiaux tenus pour spontanés et naturels en est le plus flagrant. Le privilège accordé à la dimension symbolique de la famille au détriment de sa réalité suffit à la désigner ensuite comme nouvelle religion. Enfin, mettant l'accent sur le groupe familial aux dépens des individualités, la religion de la famille autorise une relecture de l'individualisme économique et révèle que le bon fonctionnement des relations marchandes suppose des hommes mariés.

Ainsi se trouve-t-on fondé à parler, à propos de l'individualisme économique, d'un individualisme familial.

Sur cette question de l'individualisme, et pour saisir ultérieurement l'originalité éventuelle du nouvel individualisme, il est nécessaire de rappeler un point parfois trop discrètement évoqué. Sous prétexte d'effacement des corps intermédiaires, de désintégration de la sociabilité villageoise, du peu de poids des autorités locales, on insiste souvent sur la genèse commune de l'individu et de l'Etat. Tocqueville, en pensant la Révolution comme achèvement du mouvement de centralisation accompli par la monarchie, montre l'individu moderne, cet être abstrait, se dégager progressivement de tous les liens dans lesquels la sociabilité féodale l'insérait et se poser soudain, seul dans la foule de ses semblables, face au pouvoir central de l'Etat. L'égalisation des conditions exposerait au surgissement d'un nouveau despotisme.

Mais il faut savoir que l'individu dont l'Etat a besoin n'est pas vierge de tous liens, il lui reste les liens de famille. L'individualisme radical, contrairement aux idées reçues, n'est pas la traduction exacte des mœurs, au moins jusqu'à ces dernières années. A strictement parler, l'individualité séparée, atomisée, n'existe pas encore, le mouvement de désagrégation des collectivités traditionnelles, et en premier lieu celui de la famille patriarcale, s'est arrêté en chemin, et les individualités ne se définissent pas même en dehors des attaches qu'elles nouent : elles sont toujours essentiellement familialisées.

L'individualisme, classiquement, s'arrête à la cellule conjugale. C'est ainsi que Durkheim, dans la conclusion d'un cours datant de 1892, évoque l'ébranlement du vieux communisme familial caractéristique des grandes familles rurales et la naissance de la famille conjugale au sein de laquelle les individualités disposent d'une sphère d'action propre. Les enfants, loin d'y dépendre perpétuellement de leur famille d'origine, peuvent fonder un foyer indépendant spatialement et financièrement.

Cet individualisme ne doit pas affecter la communauté des biens entre les époux, qui sont normalement unis jusqu'à la mort. Ainsi envisagé, l'individualisme ne doit pas briser la cohésion affective de la cellule conjugale, et cela précisément parce que la société matrimoniale émerge du groupe domestique plus vaste de la famille ancienne. Il s'arrête au seuil de la chambre conjugale, il n'est pas encore intrafamilial.

Telle est d'ailleurs la raison pour laquelle la famille est le lieu de la vie privée, c'est-à-dire, aujourd'hui encore, celui de la transparence obligée entre intimes. L'intimité, cet art de mettre en commun un espace normalement réfractaire au regard public, impose en fait à chacun des membres du couple l'exhibition de ses plus secrètes pensées, voire de ses fantasmes les plus singuliers. Abusive vie privée que celle encouragée par des médias qui invitent aussi bien à renoncer à une vie personnelle, sous le prétexte d'enrichir, par l'échange et la confidence, la qualité de la vie du couple.

Tel est donc ce modèle de la religion de la famille dont Frédéric Le Play est l'initiateur, et qui fait retour aujourd'hui, qu'on le sache ou non, lorsqu'on en vient à déplorer la dérive individualiste des mœurs.

Religion de la famille et représentation de l'avenir

La religion de la famille, érigée en pilier de l'ordre social, permet-elle de donner un sens à la vie collective ? Quelques-uns de ses traits suffiront peut-être à en suggérer les implications politiques.

Celui, d'abord, d'une représentation de l'enfance, garante et substitut de l'eschatologie propre à toute religion. Le culte domestique était celui des ancêtres et des valeurs incarnées et transmises par eux. La famille d'aujourd'hui vénère les enfants, et à travers les enfants l'avenir qu'ils symbolisent : non un avenir déterminé mais l'indétermination de l'avenir tenue pour un bien en soi.

Si l'on entend dire que les parents n'éduquent plus guère leurs enfants, ne leur transmettent plus aucun idéal, se félicitent qu'ils se soient donnés la peine de naître et cèdent au « mignotage », n'est-ce point parce que leur propre vie d'adulte trouve à se réaliser tout entière dans la promesse que représentent leurs enfants ? Il y a ainsi délégation du problème du sens et des valeurs de l'existence, et celle-ci tient lieu de solution. Merleau-Ponty, qui ne dédaignait pas la prise en compte philosophique de l'expérience quotidienne, en avait fait la remarque dans un cours de psychologie célèbre[10]. Evoquant l'attente de la mère pendant la grossesse, il constatait justement que : « Cet enfant est en quelque sorte le but de sa vie, sa justification; il lui fait sentir sa vie à elle comme nécessaire. » Ce phénomène transitoire serait-il en passe de devenir la règle ?

Le vrai monde est à venir, il sera celui de nos enfants et de leurs enfants. De la religion il reste ainsi le modèle d'une vraie vie qui est une vie future, mais sans référence à une autre transcendance que celle du temps lui-même, de l'à-venir en tant que tel. D'où le désintérêt pour le présent et pour l'avenir vrai, marqué par la durée de l'existence humaine et l'organisation collective de ces existences, au profit du repli frileux sur une descendance à laquelle il ne reste à transmettre, pour qu'elle la réitère, que la démission des adultes face au problème du temps.

---

10. *Bulletin de psychologie*, nov. 1964.

Pourquoi l'amour des enfants serait-il nécessairement généreux et l'ouverture sur l'avenir qu'ils représentent gage de vérité ? Vivre par procuration n'est pas aimer la vie, et abandonner l'avenir au hasard n'est pas respecter la liberté future des enfants. L'absence d'exigences claires, formulables, discutables, et susceptibles d'être ultérieurement rejetées, laisse en réalité la place à d'autres forces, moins faciles à discerner, plus puissantes, plus archaïques. L'avenir de l'enfant est normé par les caractéristiques psycho-affectives de ses parents et de ses éducateurs. Or, pour chacun, l'enfance, dont on veut faire le symbole de l'avenir, renvoie, comme on l'a souvent dit, au passé. L'éducation est bien souvent, faut-il le souligner, une revanche ou une répétition, surtout lorsqu'elle ne se réfère pas à des biens culturels qui transcendent les personnes. Menée au nom du seul amour des enfants, elle conduit au repli de l'enfance sur elle-même, à l'infantilisme.

Des enfants qui aspirent à devenir grands voient se pencher inlassablement vers eux de multiples spécialistes des petits. Des *connaisseurs de l'enfance* s'attachent aux petits désirs et aux gros conflits dont les enfants sont prodigues. A l'exception de leurs parents, les enfants, assure René Schérer, ne fréquentent plus guère que des adultes choisis pour leur compétence professionnelle : au point que cet accès codifié aux enfants pourrait servir à définir leur condition. A la limite, ces spécialistes deviennent le seul modèle d'adulte qui soit proposé aux enfants. Grandir, dans ce contexte, c'est toujours devenir un éducateur. Un jeu de miroirs s'établit : l'enfant cherche l'adulte qui cherche l'enfant. C'est ainsi que la vie privée se referme sur elle-même, comme s'il n'y avait plus d'*ailleurs*, comme si la totalité de l'existence se réduisait à elle.

On parle de fêtes de famille, mais pour un enfant la vraie fête n'est-elle pas l'irruption d'un étranger, d'un lointain ami venant rompre l'uniformité familiale ? Ainsi Theodor Adorno — qui se refuse à toute figuration positive de l'avenir et n'envisage le Tout-Autre qu'à titre d'utopie négative — est-il amené, en ses *Minima Moralia*, à décrire la métamorphose du monde de l'enfant au contact de visiteurs venus de loin, et comment « d'un seul coup, l'enfant se sent admis dans la mystérieuse et puissante communauté des adultes, ce cercle magique des gens raisonnables ».

Mais qu'advient-il lorsque les adultes bornent leur existence à la vie de famille ?

Certes, les enfants réconcilient les adultes. Ultime repère, ultime chose sérieuse, dernier rempart avant la perte de tout sens commun, l'enfance. Mais on voit immédiatement que dans cette situation, le lien social trouvant son principe dans le repérage familial et la valorisation de l'enfance, les individualités, familialisées, sont liées les unes aux autres sous le signe de la vie privée et de la privatisation de l'enfant. Elles sont donc liées par ce au nom de quoi elles se séparent et se retirent chacune dans le logis familial. La religion familiale est à usage privé. Seuls comptent les enfants avec lesquels on cohabite : leurs succès, leurs amis, leurs mignonnes extravagances. Echanges de propos à la sortie des écoles, rencontres des mères et des quelques pères modernes de service : on se socialise un peu à l'Association des parents d'élèves, derrière les parents instruits qui mènent la danse..., on se rend de menus services, on échange les enfants pour quelques heures... Jamais plus. Au fond, il s'agit avant tout d'exhiber le sien et de faire le nécessaire pour qu'il tire son épingle du jeu.

Ce que les individus familialisés ont en partage est ainsi ce qu'ils ne partagent à aucun prix : leurs enfants. Ce qui fonde le consensus social au sein des démocraties modernes est aussi ce qui éloigne chaque mère ou père de famille de l'espace public. Au fond, la politique, personne ne s'en soucie plus, non par cynisme, mais par sérieux, puisque la famille et l'éducation des enfants délimitent le domaine des convictions profondes et indiscutables, des préjugés immémoriaux, des principes invariables. Alors même que l'on ne croit plus à rien, on se crispe encore sur des détails, on devient capable de colère, d'indignation sincère. L'existence trouve son épaisseur, on se familiarise aisément avec la vie de famille, on se laisse aller à son sérieux évident, à la maturité dont elle témoigne, à la régularité apaisante à laquelle elle dispose. La religion de la famille ne requiert qu'une croyance opaque. Ce que l'on croit vraiment n'est pas ce que l'on pense, affirme ou nie, mais ce qui a *pris corps*.

De cette hypertrophie de l'intimité découle la perversion des rapports du privé et du public. La publicité du privé et la privatisation du public se nourrissent l'une de l'autre. Chaque famille est lieu de spectacles et de tourments, et de l'une à l'autre se narrent les exploits et les diableries des enfants, s'exposent les tentatives des partenaires conjugaux pour échapper à la ritualisation de leur vie privée. Aussi celle-ci devient-elle envahissante : il est plus aisé d'accéder à l'ineffable « vécu » de ses voisins que de connaître le montant de leur salaire ou leurs affinités politiques.

La parole familiale et péri-familiale est fréquemment religieuse, depuis la confession interne jusqu'à l'audition régulière des prônes médiatiques des spécialistes de la communication efficace et de la verbalisation des conflits affectifs. C'est ainsi que la publicité du privé est portée à son comble, et que les monades familiales se mirent indéfiniment les unes dans les autres.

Inversement et corrélativement, la privatisation du public s'inscrit dans les mœurs. Dans son livre *Les tyrannies de l'intimité*[11], Richard Sennett retrace l'histoire des mots « public » et « privé ». La distinction, telle qu'elle se fixe au XVIIIe siècle, permet de rendre compte de la confusion actuelle : « Public signifie ouvert à l'investigation de tout un chacun, tandis que privé désigne une région protégée de la vie, définie par la famille et les amis. » Au XVIIIe siècle, le mot « public » désignait une vie passée hors du cercle de la famille et des amis intimes; dans la diversité du domaine public, des groupes sociaux complexes devaient inéluctablement entrer en contact. Le foyer de cette vie publique était la grande ville.

Une ville, écrit Sennett, est un milieu humain dans lequel des inconnus se rencontrent. Vivre en société, appartenir à une nation, c'est précisément se savoir et se sentir lié à d'autres dont pourtant nous ignorons totalement l'histoire personnelle et auxquels nous ne nous adresserons probablement jamais. Chacun est porteur d'un schème relationnel qui préside aux rencontres dans l'espace public. Croire qu'il suffit d'engager la relation à l'autre sur le mode de la familiarité pour satisfaire à la civilité, c'est se méprendre et confondre ce qui est de l'ordre du privé avec ce qui relève du public. L'altérité respectée fait, ou devrait faire, le fond des rencontres dans l'espace public. Or l'excroissance des sentiments privés ne compro-

11. R. Sennett, *Les tyrannies de l'intimité*, Paris, Le Seuil, 1979.

met-elle pas des relations ainsi conçues ? Lorsqu'ils échappent à la franche hostilité ou à l'indifférence, les citoyens ne se rencontrent que pour se confier. Comme l'a relevé Hannah Arendt, la confidence se substitue au dialogue, la conversation intime où les âmes parlent d'elles-mêmes prend le pas sur le débat soucieux du monde commun. C'est ainsi que la familialisation de l'individu moderne transforme l'espace public en désert et que la rencontre d'autrui donne avant tout lieu à une satisfaction d'amour-propre ou à une blessure narcissique.

La privatisation du public se traduit également par l'intérêt pour la personnalité des hommes politiques, pour leurs sentiments et leurs goûts, de sorte que leur programme et leur action passent parfois au second plan.

Lorsqu'un homme politique parvient à intéresser les gens à ses goûts personnels, « aux toilettes de son épouse, à l'amour qu'il éprouve pour les chiens », note humoristiquement Sennett, il s'installe dans un cadre qui conforte son pouvoir. Ignorer de telles recettes, ajoute-t-il, reviendrait à un suicide politique.

L'effet politique d'un tel charisme est clair : en centrant l'attention des foules sur la vie intérieure des hommes politiques, il neutralise les intérêts et les luttes, dissimule les enjeux politiques. Il contribue à la mise en place d'une personnalité collective, d'une unité dans laquelle chacun se fond imaginairement, et non à la définition des principes d'une action. Ses effets sont stabilisateurs et conservateurs.

Le charisme sécularisé entretient d'étroits rapports avec la technologie des médias[12]. Appareils paradoxalement intimistes, la radio et la télévision rendent les contacts superflus : on s'en sert chez soi, seul ou en famille. Qu'ils accroissent considérablement la quantité des connaissances que les groupes sociaux ont les uns des autres est indéniable. Mais la substitution de ces connaissances médiatisées à la rencontre, dans l'espace public, de la diversité de cercles sociaux, distincts du milieu des intimes, est loin d'être neutre. D'autant que l'organisation industrielle moderne généralise

---

12. Cf. Antoine Spire, Les intellectuels, le pouvoir et les médias, in *Raison présente*, janv.-févr.-mars 1985, n° 73.

la séparation des centres de gestion et des lieux de production, donc celle des cadres et des ouvriers.

La communication télévisuelle est parfaitement unilatérale, le téléspectateur recevant passivement un message qu'il ne discute pas, quand bien même sa question serait sélectionnée avec quelques centaines d'autres par un centre de tri. Reformulée et adressée à un homme politique présent sur le plateau, elle fournira à l'homme de métier le prétexte d'un nouveau monologue. « Aucun téléspectateur, comme le relève Sennett, ne conçoit ce qui se passe sur l'écran comme une triade qui serait composée par lui, le politicien qui parle — considéré comme un intermédiaire — et un autre téléspectateur. » Comme dans une salle de classe traditionnelle, le pouvoir du maître suppose un réseau de communication en étoile, tous les élèves recevant le message professoral sans avoir à dialoguer entre eux.

La spectacularisation du politique s'effectue ainsi aux dépens de l'espace public, et certains hommes politiques abusent de cette situation, ou plutôt en révèlent l'essence, en se comportant en pédagogues soucieux d'expliquer leur politique, adoptant pour cela le ton de la vulgarisation aimable ou du cours *ex cathedra*.

Cette prédominance des motivations personnelles, constitutive de la privatisation du public, est exportée du privé vers le public. Elle correspond à une vie privée repliée sur elle-même et animée de la conviction selon laquelle tout développement personnel renvoie à une expérience psychologique intimiste, dont l'absorption en soi et le narcissisme sont les formes les plus fréquentes.

L'individualisme narcissique, qui se développe aujourd'hui, ne participe-t-il pas, dans une large mesure, de la religion de la famille ? Dans son livre *L'ère du vide, essais sur l'individualisme contemporain*[13], Gilles Lipovetsky décrit longuement les manifestations d'un individualisme radical, caractérisé par la quête de l'EGO et la recherche de l'intérêt propre, par l'obsession du corps et du sexe, l'hyper-investissement du privé et la démobilisation publique. Cet individualisme, bien que préparé par une longue évolution, serait incontes-

13. Gilles Lipovetsky, *L'ère du vide, essais sur l'individualisme contemporain*, Paris, Gallimard, 1984.

tablement nouveau. Essentiellement hédoniste, tourné vers la jouissance et la soumission aux impulsions, il s'accompagnerait d'une
molle apathie et d'un repli sur le corps, la santé, la situation matérielle, les « complexes » et l'attente des vacances. La vie sans idéal
et sans but transcendant le caractériserait, et la vénération de la
famille et des grands principes de fidélité conjugale tomberait en
désuétude au profit de la recherche décontractée de l'épanouissement personnel. Tel serait notre modernisme. Mais peut-être Gilles
Lipovetsky, par sensibilité à la nouveauté au moins apparente des
styles de vie, règle-t-il un peu rapidement la question de l'originalité
et du statut de l'individualisme contemporain.

Celui-ci est-il si éloigné de l'individualisme familial dont nous
avons parlé ? Les développements de Lipovetsky sur la faiblesse
et la dépendance des individus modernes, sur leurs jouissances
privées et leurs ambitions peu étendues ne sont pas faux, ils se
méprennent sur leur objet, qui n'est autre que l'individualité
familialisée.

La promotion d'une culture hédoniste-psychologique, à base
de communication et d'expression de soi, est celle d'une image du
couple moderne encouragée par les médias. Qu'on pense seulement
au premier numéro d'*Harmonie du couple*, encyclopédie de la vie
sexuelle et affective diffusée hebdomadairement, et dont le succès
dépassa toutes les espérances : l'idéologie du couple s'y déployait
sans ambiguïté. Couple marié ou non ? Peu importe, puisque la
norme en vigueur est très proche, et qu'elle achemine, le plus souvent encore, vers la vie maritale.

Dédramatiser l'adultère en l'intégrant à titre d'expérience sinon
irremplaçable du moins positive dans l'histoire d'un couple, ou
bien encore substituer le mot « partenaire » à ceux d'époux et
d'épouse ne change fondamentalement pas grand-chose à la dési-
gnation de l'individu comme être dont l'identité ne peut ni se
concevoir ni se vivre en dehors d'une relation privilégiée, exclusive
et durable avec une individualité similairement conjugalisée.

Sous prétexte d'intégrer les relations sexuelles dans le cadre
plus vaste d'échanges affectifs, on réintroduit l'exigence d'une
quotidienneté partagée. Tous les discours sur l'évolution des rôles
masculins et féminins, sur l'autonomie et la dignité dont jouissent

les partenaires au sein du couple, ne peuvent pourtant pas masquer l'extraordinaire habitude de partager chaque nuit un même lit, tout naturellement, comme si une intimité aussi fusionnelle allait de soi. Inscrite dans une organisation matérielle qui la rend presque indépendante des élans de désir et de tendresse, comme du paisible désintérêt qui s'instaure parfois au sein de ces étranges dyades, cette promiscuité est le lot commun des couples, officiels ou non.

En occultant le lien du narcissisme et de l'idéologie du couple, Gilles Lipovetsky accorde à l'individualisme moderne une portée qui demanderait à être établie par l'examen de ce qu'il y a en lui de nouveau par rapport à la reconduction assouplie de l'individualisme familial.

L'individualisme narcissique s'accomplit électivement dans le cadre du couple fusionnel, où chacun, étant incapable de se distinguer de l'autre, ne cesse de s'aimer lui-même à propos de l'autre. Le repli sur soi et celui du couple sur lui-même sont directement liés, la relation en miroir suscitant une quête indéfinie de soi. De là cette fascination pour des techniques de libération des affects, et cette mise en scène sans cesse réitérée d'un lieu vide, l'EGO, comme si le « nombrilisme » était la décevante issue d'individualités vouées à la contemplation de leur propre vide.

Mais le surinvestissement affectif est à l'origine, on le sait, de nombreux conflits et d'une bonne part des séparations. La volonté de retrouver une plus grande autonomie traverse les familles les plus unies. De sorte que l'individualisme narcissique peut, en définitive, se comprendre de deux manières. D'abord comme l'accomplissement du familialisme, parce qu'il porte à son paroxysme la fusion et l'agglutination des membres de la cellule conjugale. Mais on pourrait ensuite, au contraire, reconnaître dans ce narcissisme familial l'amorce d'un individualisme sans concessions. Du cocon familial naîtrait un individualisme ouvert à de nouvelles exigences d'autonomie, en rupture avec le repli et l'hyperaffectivité considérés désormais comme insupportables. Dans ce contexte, la religion de la famille paraîtrait régressive, eu égard à l'espoir porté par cet individualisme inédit.

Ambivalence d'un nouvel individualisme

Contrairement aux idées reçues, une valorisation excessive de la famille s'accommode quelquefois du mol abandon au cours des choses. L'amour des enfants, images de l'avenir, peut en effet fournir le principe d'une délégation du problème du sens de l'existence.

La religion de la famille incite à l'abstention politique et à l'ambition de réaliser ses fins personnelles. Etendue à toutes les catégories sociales, elle dispose au renoncement politique des classes populaires et à la volonté individuelle d'ascension sociale.

La vénération de la cellule familiale est à l'origine d'un consensus, d'un accord en acte des citoyens. Le rôle dévolu à la famille excède donc largement ses fonctions sociales de stabilisation de la personnalité adulte et de prime éducation de l'enfant.

Dans ce contexte, l'homogénéité des mœurs et le système des rôles familiaux par lesquels les adultes se définissent assurent un ordre public. Ce dernier ne s'appuie pas sur un débat public, mais s'obtient grâce au repli sur la vie privée. Il ne sollicite pas l'élaboration commune de normes sociales, puisque celles-ci s'imposent à titre d'évidences vécues. L'apolitisme qui résulte de cette disqualification du débat prend appui sur une vie privée homogénéisante, où la rencontre d'autrui est toujours celle d'un autre qui *m'est familier*, et prévisible. De là dérivent le refus de l'altérité, la méfiance à l'égard des différences et la logique de l'exclusion de tout ce qui résiste à la réduction à l'identique. La crispation sécuritaire, et les différentes formes de racisme, comme la molle indifférence à l'égard des autres, relèvent d'un consensus public obtenu par homogénéité des vies privées.

Cet apolitisme favorise à l'occasion l'abandon des valeurs civiques, en ce sens qu'il pousse à traduire en termes privés des problèmes d'intérêt général. Autant, par exemple, on ne peut que se féliciter, dans la conjoncture d'une forte poussée du chômage, de l'effet bienfaisant des solidarités familiales, autant il serait dangereux d'en tirer prétexte pour refuser l'effort collectif et les mesures politiques nécessaires pour endiguer la progression du nombre des chômeurs.

La devise de la famille moderne, assure Marie-Odile Métral, est : « "Chacun pour soi", c'est-à-dire chaque famille pour elle »[14]. C'est ainsi que l'individualisme familial le plus traditionnel fait loi. Il s'allie sans mal avec l'individualisme économique des sociétés marchandes. De sorte que, globalement, le retour du religieux, sous la forme du familialisme, est en harmonie avec le libéralisme, comme avec la méfiance affectée à l'égard de la volonté politique, toujours suspectée de mener à la contrainte.

Inversement la question se pose de savoir si les fêlures qui apparaissent au sein de l'institution familiale, et si les processus individualisants qui la traversent, ne sont pas de nature à susciter des formes d'individualisme irréductibles aux schémas anciens et susceptibles de contribuer à la naissance d'un nouvel esprit public.

Il paraît difficile d'ignorer que l'Etat de Droit repose sur la conviction que l'individu est la valeur suprême. L'individualisme n'est pas réductible à l'idéologie petite-bourgeoise. Il est, comme Louis Dumont l'a montré dans ses *Essais sur l'individualisme*[15], la valeur centrale de notre culture moderne, qui s'oppose ainsi à toutes les sociétés à culture religieuse, essentiellement holistes et fondées sur l'homogénéité des convictions.

En quoi l'actuelle transformation des mœurs et l'aspiration individualisante qui traverse la famille sont-elles de nature à renouveler la prise en compte politique de la valeur absolue des individus ? L'individualisme vécu peut-il aller de pair avec un renouveau de la citoyenneté et de la vie démocratique, c'est-à-dire favoriser l'invention de procédures permettant aux conflits de s'exprimer et de se négocier ?

Dans *Le souci de soi*, Michel Foucault fait l'inventaire des différents sens du mot « individualisme ». Il oppose notamment l'individualisme comme « intensité des rapports de soi à soi » à « l'attitude individualiste, caractérisée par la valeur absolue qu'on attribue à l'individu dans sa singularité, et par le degré d'indépendance qui lui est accordé par rapport au groupe auquel il appartient et aux institutions dont il relève »[16]. C'est cette seconde forme d'individua-

14. *Op. cit.*, p. 31.
15. L. Dumont, *Essais sur l'individualisme*, Le Seuil, 1983.
16. M. Foucault, *Le souci de soi*, Gallimard, 1984, p. 56.

lisme qui se développe au sein de l'institution familiale, et que la religion de la famille cherche en vain à conjurer. L'écho rencontré par les idées féministes, par exemple, entretient au sein même de la famille une exigence d'égalité des droits formulée par chacun de ses membres. Dans le même sens, les unions de fait reposent parfois — surtout il est vrai lorsqu'elles succèdent à une première expérience de vie maritale — sur la volonté d'assurer une plus grande autonomie des personnes dans le moment même où elles partagent certains aspects de leur vie quotidienne. Enfin les divorces, eux aussi, sont autant d'occasions involontaires de redécouvrir les bienfaits de la solitude assumée et de l'autonomie. De sorte que ces désordres, ces échecs ou ces ratés révèlent l'aspiration à la liberté qui hante en réalité toutes les familles, même unies.

Le nouvel individualisme n'a pas pour conséquence l'apologie simplette de la vie communautaire, aujourd'hui bien oubliée, ni le culte d'une solitude trop splendide et définitive, mais il conteste l'impérialisme du modèle familial.

Cet impérialisme, dont la religion de la famille est l'expression, se traduisait d'abord par l'exclusivité de la vie familiale comme mode de satisfaction des élans sensuels et sentimentaux des adultes et comme lieu de prime éducation des enfants. Or la famille nucléaire n'est plus le seul mode de vie même si elle n'est pas en passe d'être supplantée par le célibat ou la cohabitation dépourvue de consécration civile ou religieuse.

L'historien Antoine Prost en vient à cette conclusion que la famille nucléaire ayant cessé d'être le modèle évident rendant possible une politique familiale cohérente, il devient utopique d'en envisager une nouvelle, capable de remplacer l'ancienne. D'où cette idée que « le choix présent paraît être entre pas de politique familiale ou plusieurs politiques familiales »[17]. La critique fouriériste, qui portait notamment sur l'exclusivité du mode de vie familial, trouve là un regain d'actualité.

Retenons par ailleurs que les possibilités techniques fabuleuses ouvertes par l'essor des recherches biologiques favorisent simul-

17. Antoine Prost, L'évolution de la politique familiale en France de 1938 à 1981, in *Le mouvement social*, oct.-déc. 1984, nᵒ 129.

tanément la mise en débat de la norme familiale et le repli crispé sur celle-ci.

Le second aspect de cet impérialisme familial résidait dans la réduction de l'individu à sa vie de labeur et de famille. La bi-dimensionnalité, économique et familiale, de l'individu moderne, est remise en question. Le nouveau rapport au travail qui se fait jour chez certains « précaires »[18] en est l'écho. Ce changement explique en partie l'intérêt contemporain pour les philosophes plébéiens cités par Jacques Rancière. On sait qu'à l'encontre du culte marxiste du travail, ils préféraient le loisir intellectuel à la laborieuse maîtrise de la matière.

Plus généralement, si la rationalité technique impose un morcellement incontournable des tâches, l'individu, sans renoncer à améliorer ses conditions de travail, ne se définit plus seulement par son métier, et revendique une dignité qui excède celle que son emploi, même rendu moins aliénant, pourrait lui apporter.

L'individualisme qui traverse la famille est ainsi porteur de l'espoir de reconstituer un être humain irréductible à la bi-dimensionnalité économico-familiale. En ce sens on peut dire qu'il rencontre ce que Gérard Mendel a nommé « l'individu sans appartenance »[19], mais à condition de préciser qu'il n'est pas, selon nous, celui qui n'appartiendrait à aucun groupe et prétendrait vivre en solitaire, mais celui qui ne s'abolit pas dans les groupes au sein desquels il s'intègre. Il pose son irréductibilité, son excès par rapport aux rôles familiaux et professionnels qu'il assure.

L'individualité deviendrait multi-dimensionnelle. La contestation du modèle bi-dimensionnel pourrait être illustrée par l'opposition de l'individualité proudhonienne, secrètement autarcique, complète dès lors qu'elle s'épanouit dans un couple, et de l'individualité fouriériste, faisceau de passions dont l'essor suppose la constitution de séries diversifiées[20].

Du point de vue de la constitution d'un nouvel esprit public,

18. Cf. Olivier Galland, L'instinct de fuite, in *Esprit*, mars 1981. Cf. également Patrick Cingolani, *L'exil du précaire*, Méridiens Klincksieck, 1986.
19. G. Mendel, *Cinquante millions d'individus sans appartenance*, Laffont, 1983.
20. Cf. Charles Fourier, *Le nouveau monde industriel et sociétaire*, Section J, Notice I. Notions élémentaires sur les séries passionnées, Flammarion, 1973.

l'essentiel réside dans cette ouverture à l'autre d'une individualité irréductible aux totalités partielles au sein desquelles elle s'intègre, donc susceptible d'accéder à l'universel par-delà les groupes particuliers auxquels elle adhère.

Il va de soi que cet individualisme n'est que la condition négative d'un nouvel esprit public. Il rend occasionnellement possible — en mettant fin à l'impérialisme de liens tellement privilégiés qu'ils entretiennent le vide autour d'eux — l'essor de nouvelles formes de citoyenneté. Mais celles-ci ne peuvent se développer et s'affermir sans un projet politique qui viendrait relayer le modèle marxiste d'émancipation humaine, désormais caduc.

CHAPITRE VI

La leçon d'instruction civique

A mesure que les citoyens se replient sur leur vie privée et se dépolitisent, l'organisation technocratique de la société prend figure de phénomène naturel insurmontable. L'individualisme hédoniste n'est assurément pas exempt de nouveauté, dans la mesure où il serait abusif d'assimiler l'actuel retour sur soi et les modernes techniques du corps à l'éthique calviniste de l'individualisme moral. Si le rapprochement de l'examen scrupuleux des consciences dans le recueillement, et des formes récentes de la découverte de soi, n'est pas dénué de sens, la quête du plaisir, même ascétiquement poursuivie, s'éloigne considérablement de la maîtrise de soi, du mépris de la chair et du sens du péché qui caractérisaient l'éthique protestante.

Il est donc vrai que cet individualisme jouisseur est, dans son ordre, inédit. Mais en l'absence d'un projet collectif susceptible de donner un contenu politique à la volonté d'autonomie et au respect d'autrui dont le nouvel individualisme est occasionnellement porteur, il se réduit aisément à la mentalité marchande ordinaire. D'où sa parfaite adaptation à l'ordre technico-industriel pour lequel il façonne des consommateurs avertis, sensibles à la diversité des produits personnalisés et largement conscients de la nécessité de respecter la logique d'une organisation industrielle soumise à des impératifs de rendement, de productivité et de concurrence. Tenue pour un moindre mal, la sphère de la nécessité devient le prix qu'il faut payer pour jouir librement d'une vie privée tranquille et si possible aisée. Sa légitimité va de soi, et la juxtaposition sans médiation d'une vie privée pimentée d'individualisme permissif et d'une organisation technocratique de la production constitue la version occidentale, douce et efficace, de la disparition de la démocratie par escamotage du débat public.

En mettant en évidence les lacunes de notre système économique et politique, la crise inflige à une société dépolitisée une magistrale leçon d'instruction civique.

Elle peut susciter un questionnement de la rationalité qui sous-tend notre vie quotidienne, et à laquelle un bon sens élémentaire nous enjoignait jusqu'ici de nous soumettre.

Un questionnement à la fois plus radical, parce qu'il engage les finalités sociales essentielles, et plus désidéologisé, tant la vanité des slogans et des formules péremptoires est avérée.

Le modernisme comme programme

Il est difficile de prendre la mesure d'un tel retour de la société sur elle-même, de ses formes et de ses conséquences. La crise ne recèle pas en elle-même d'auto-élucidation. Elle favorise souvent les attitudes de repli et de préservation des acquis. En outre, les réflexions qui se développent à son propos, dans la mesure où elles émanent d'esprits avertis, s'éloignent des positions tranchées et des remèdes simplistes.

Autant en effet la propagande libérale verse dans la pire démagogie quand il s'agit de pourfendre l'étatisme d'une gauche qu'elle affecte de croire encore marxisante ou quand elle prétend incarner le bon sens de citoyens révoltés par le dogmatisme des intellectuels partisans, autant il est préférable, lorsqu'il s'agit de tenir un discours plausible qui tienne compte de l'attachement des Français aux garanties que leur apporte le pouvoir central, de s'en référer à de simples mesures d'inspiration libérale dont la technicité est un gage de sérieux.

Le même souci de séduire les catégories sociales moyennes et supérieures qui détiennent les postes de conception ou de direction dans les entreprises habite les hommes politiques de gauche. Ils leur prêtent, en effet, un rôle décisif dans la constitution de l'opinion publique. On ne s'étonne donc pas du succès d'un type de discours destiné à exhiber la compétence administrative et technique des politiciens aux yeux de cadres satisfaits d'être tenus pour des interlocuteurs valables. Il en est d'autant plus facilement ainsi que les élites récentes apportent une culture scientifique et technique qui les pousse au mépris des grands mots et les rend peu sensibles aux distinctions politiques traditionnelles.

Cette volonté de renouveler le discours politique, de l'infléchir dans le sens d'une approche des problèmes moins marquée par des convictions toutes faites, n'est pas réductible à ses motifs électoraux. Cet effacement des stéréotypes peut libérer la pensée politique de ses poncifs. Il fait resurgir, aussi, le risque d'un apolitisme leurrant.

En effet, bon nombre de slogans actuels évoquent le refus des slogans, la fin des solutions systématiques, le culte de la compétence et l'éloge de la complexité. Il est de bon ton d'être sceptique à l'égard des « Il n'y a qu'à »[1], du lyrisme de gauche et du bon sens inculte. Sur les ruines des vieilles idéologies, un nouveau langage, une nouvelle idéologie, se développe et contribue à la récupération d'un débat à peine entamé. Symptomatiques, à cet égard, les propos tenus par Philippe Barret, alors membre du cabinet de Jean-Pierre Chevènement, pour annoncer, à l'occasion d'une émission de télévision qui leur était consacrée, que, des événements de 1968, il ne reste rien. De cette liberté de ton, de cette prise de parole généralisée et capable de faire voler en éclats, par instants, les cloisonnements et les représentations instituées, les gestionnaires s'écartent avec effroi, préférant la solide connaissance des dossiers au débat public. Au lieu de nous sortir de notre sommeil dogmatique — si bien illustré par le grand combat des somnambules du temps, néo-marxistes ferraillant avec les tenants d'un retour au libéralisme —, cette attitude, de plus en plus répandue parmi les décideurs, s'accompagne d'une retraduction des exigences et des prises de conscience des groupes

1. Cf. Michel Albert, *Le Pari français*, chap. 4 : « Il n'y a qu'à », Paris, Le Seuil, 1982.

sociaux en termes juridiques et administratifs. C'est en quoi elle périme progressivement l'idée d'une opposition profonde, fondée et durable d'une droite et d'une gauche.

On assiste ainsi à une sorte de captation, parfois grossière, de la lucidité récemment acquise au cours des expériences d'une gestion de gauche de plusieurs années par le spectacle politique, le modernisme et le pragmatisme. Tout se passe comme si l'on voulait faire l'impasse sur les problèmes de fond, parce qu'il semble utopique d'envisager leur solution, au profit de solutions partielles et provisoires, mais réputées réalistes dès lors qu'elles tournent autour des faits comme la dentelle autour d'un mouchoir de Bruges.

Sous couvert de modernisme, des gauchistes convertis au nouvel esprit d'entreprise dénoncent hâtivement l'archaïsme des schémas socialistes, stigmatisent l'incapacité du Parti socialiste à saisir l'esprit du temps et célèbrent dans la foulée les vertus de la Silicon Valley.

Dans ce contexte, la querelle de l'ancien et du moderne prend le relais de l'opposition droite-gauche, en rendant opportunément insaisissables les termes d'un débat dont les positions étaient jusqu'alors bien campées. Par un raisonnement en forme de pétition de principe, la modernité s'érige elle-même en pierre de touche politique. Etre de son temps devient alors, pour cet historicisme vulgaire, la valeur ultime et le critère obligé. Comme ce modernisme se réduit à l'apologie des derniers avatars d'une société de consommation qu'il n'est plus question de réformer, il porte plus à la passivité qu'à la lucidité. L'opinion publique est consciente de l'impossibilité, sous peine d'autoritarisme, de surmonter tous les conflits sociaux par en haut, en substituant une équipe politique à une autre à la tête de l'appareil d'Etat. Cela ne signifie pas qu'une telle prise de conscience vaille renoncement et qu'elle joue lâchement en faveur du mythe libéral de l'autorégulation sociale. Elle incline seulement à une redéfinition des attentes à l'égard de la classe politique, à une réélaboration des points de clivage et à l'émergence de nouvelles formes de citoyenneté. Tel serait l'horizon raisonnable d'un débat public qui ne fait que commencer, et pour lequel les mécanismes de récupération par la politique-spectacle, au profit des couches sociales qui disposent d'un champ d'initiatives, sont déjà prêts.

Le confusionnisme moderniste existe et chacun peut le rencontrer. Il a ses terrains — dont la pédagogie —, ses enjeux et ses spécialistes. Un individualisme hâtif a pu ainsi se développer, au carrefour du management et de la cybernétique, assurant le passage sans rupture de la sophistication technologique au culte de la libre-entreprise.

On a déjà dit que la gauche n'a pas toujours évité ce piège. Ainsi Max Gallo est-il bien près de céder à l'individualisme sommaire et à l'apologie peu nuancée de la libre-entreprise[2]. Que l'appétit de pouvoir et d'argent soit une condition nécessaire du développement d'une certaine catégorie d'entreprises peut évidemment se soutenir. Mais pourquoi ne pas dire qu'il s'agit là, avec d'autres moyens, de la mise en œuvre d'une sorte de ruse rationnelle destinée à assurer conjointement efficacité et justice ? Et n'est-il pas régressif de réduire l'élan pour entreprendre aux formes les plus contestables — et surannées —, de l'autoritarisme patronal ? Au moins la dynamique de l'investissement dans le travail concerne-t-elle d'autant plus les agents économiques qu'ils sont incités à débattre de leurs conditions de travail. En ce sens, on ne peut qu'approuver Patrick Viveret lorsqu'il affirme qu'il « n'y aura pas de réelle modernisation économique sans transformation des rapports sociaux »[3].

Bon nombre de nos analyses politiques reposent sur des concepts et des formules vieilles d'un siècle. Il est difficile de penser à travers elles les mutations en cours. Raison de plus, sans doute, pour ne pas escamoter la question du sens actuel de la traditionnelle opposition d'une droite et d'une gauche sous prétexte de la penser en termes neufs.

Il est vrai qu'on ne peut guère éviter d'hypostasier les termes des oppositions à mesure qu'on les clarifie. D'une certaine manière les positions des hommes politiques sont beaucoup plus proches et nuancées que l'examen des modèles qui sous-tendent leur pensée

2. Cf. Max Gallo, *La troisième alliance*, Fayard, 1984.
3. Patrick Viveret, Moderniser sans dépolitiser, in *Intervention*, avril-mai-juin 1985.

ne le laisserait prévoir. Est-ce là une raison suffisante pour sous-entendre que les références traditionnelles sont caduques et que les hommes politiques sans œillères idéologiques font tous la même chose ? Thèse qui était celle de la droite et qui est devenue un thème de la gauche lorsque le chef du gouvernement vanta sa gestion réaliste.

Cette pente est dangereuse. Au-delà d'un certain gage de sérieux, on se demande bien quelles ressources les hommes politiques de gauche espèrent trouver du côté de l'apolitisme gestionnaire. Le succès de la *désidéologisation* auprès des professionnels de la communication, prompts à réduire les hommes politiques à des marchandises d'un genre un peu particulier, est pourtant significatif.

Dans un article[4] consacré aux consultants politiques chargés de la valorisation de l'image de marque d'un nombre croissant de politiciens, Jean-Pierre Raffarin, directeur de *Bernard Krief Communication*, dévoile les coulisses de ce mouvement spectaculaire : Les slogans ont fait long feu. La communication politique moderne s'oppose à la propagande, propage donc la méfiance à l'égard des idées toutes faites et des plates certitudes. L'électeur d'aujourd'hui attend bien un message d'une certaine tenue, et il n'est pas déplacé pour un homme politique d'écrire parfois un livre, afin de densifier son message. Mais paradoxalement le sens des propos est secondaire. L'accent est mis sur la représentation d'un message riche de contenu, non sur le contenu du message. Peu importe ce qui est dit; on tient seulement à faire savoir que le candidat est un homme qui pense et qui fait penser, qui tient compte de l'effet de la crise sur les mentalités et qui sait écouter les doléances de ses électeurs au lieu de faire de vaines promesses. Ainsi témoigne-t-il de son « authenticité », et l'exhibition de la coïncidence de son être profond et de son apparence se substitue avantageusement à l'esprit de logique et à l'argumentation partisane dont certains maladroits usent encore besogneusement.

De la méfiance à l'égard des dogmes et du souci de prendre

---

4. Jean-Pierre Raffarin, La communication politique après les municipales, in *Communication et langages*, n° 57, 1983.

en compte la complexité des faits, on passe ainsi, insensiblement, à la mise en représentation d'une pensée limitée à l'inventaire des données.

La *désidéologisation* érigée en spectacle rejoint alors une autre attitude, dépourvue quant à elle de cynisme, dont le trait dominant consiste à se féliciter du réalisme enfin retrouvé des socialistes au pouvoir, « désintoxiqués » de leur idéologie par l'épreuve des faits. Le pragmatisme, écrit ainsi Paul Thibaud[5], « n'est pas admettre que les temps sont durs (une évidence), c'est valoriser ce réalisme, c'est-à-dire renoncer à accrocher sa charrue à une étoile, et reconnaître que les valeurs politiques n'existent pas sous forme d'objectif final, condensées dans un "grand projet", mais sous celle d'exigences relatives à une situation déterminée ». Qu'un tel « grand projet » puisse rapidement devenir un carcan va de soi, mais comment définir une ligne d'action sans hiérarchiser des objectifs, dégager des principes, replacer les problèmes ponctuels dans leur contexte ? N'y a-t-il pas d'action politique sans quelque vue d'ensemble ? Se contenter d'invoquer l'union des hommes de bonne volonté face à une juxtaposition de difficultés risque d'accréditer l'idée selon laquelle, pour parler clair et briser les fausses alternatives du collectivisme et du libéralisme, il est nécessaire de renoncer à toute action d'envergure et de réduire le domaine de la créativité politique à la définition de mesures techniques, au coup par coup. Lorsqu'une telle créativité accepte de se déployer sans interroger le contexte politique au sein duquel elle s'inscrit, et qu'elle confirme dans sa légitimité, on est en droit d'y voir le supplément d'âme d'une société bureaucratique. Le risque d'une désidéologisation transformée en doctrine est de faire passer la politique menée pour la seule possible. Il faut, répète-t-on à l'envi, s'appuyer sur les forces vives de la nation, sur les nouveaux entrepreneurs, sur la modernisation de l'appareil industriel, sur la mobilisation des énergies, sur le sens de l'effort et sur l'éducation des jeunes. Ces incantations ne sont pas foncièrement, là encore, différentes à gauche et à droite. Elles donnent à penser que par-delà la mise en scène des désaccords

5. Paul Thibaud, Le choix du pragmatisme, in *Esprit*, déc. 1983.

selon les règles du jeu démocratique, il existe simplement une concurrence entre des hommes et des équipes pour conquérir les symboles et les plaisirs du contrôle des centres régulateurs de la société. Les objectifs poursuivis sont presque identiques et les contraintes intérieures et extérieures imposent des choix très proches. Une fausse lucidité peut alors se donner libre cours : on croit démystifier les formulations politiques traditionnelles et on renonce à tout changement d'envergure pour se satisfaire de tel ou tel dosage de mesures d'inspiration keynésienne ou monératiste, dont, par principe, on n'espère pas de miracle. Des hommes politiques sont passés maîtres dans l'art de donner à leurs électeurs le sentiment qu'ils partagent avec eux, entre gens de bonne compagnie, et à titre d'intuition bien fondée, l'idée qu'il n'y a pas grand-chose à faire, sinon attendre des temps meilleurs.

Par conséquent, la *désidéologisation* verse dans le fatalisme. Les citoyens voient leur lucidité se retourner contre eux à mesure que le débat démocratique cède le pas à la confiance accordée aux experts qui parlent vrai, et dont les échecs s'expliquent, dit-on, par l'incompréhension d'une opinion bornée et irrationnelle. Puisqu'on se refuse à gouverner par décrets, il convient de se faire éducateur. A défaut de contraindre, on cherche à convaincre. Lorsque les gouvernants croient détenir la Raison, ils se font décidément pédagogues[6].

Ce faisant, ils n'expliquent guère le sens et les raisons de leur politique, mais ils énoncent avant tout que ce qui est ne saurait être contourné. Sous prétexte qu'ils ont appris des faits, ils mettent leurs exigences entre parenthèses, ils enseignent le poids des réalités économiques. Les versions concurrentes de ce discours ne s'éloignent pas l'une de l'autre. Dans la version dite de gauche, on insiste sur le volet social qui doit accompagner les restructurations, tandis que, dans la version de droite, on met davantage l'accent sur la déréglementation et le respect des grands équilibres. Mais, en un sens, ces variantes obéissent à une même logique : il appartient à l'opinion publique de comprendre, de

6. Cf. *Esprit*, déc. 1984, « Le gouvernement comme pédagogie, entretien avec Jacques Delors. »

sorte qu'un consensus se crée pour supporter une situation difficile. Ces propos furent tenus par Raymond Barre avant de l'être par Jacques Delors. Des experts diffusent la vérité économique auprès d'une opinion qui doit s'incliner. L'opinion est cet élément irrationnel qui parfois résiste et perturbe la beauté des schémas. Les gardiens de la vérité souffrent de son incompréhension, s'en plaignent, et sont parfois tentés de simplifier démagogiquement leurs propositions. C'est en ce sens, comme on l'a suggéré, qu'il faut sans doute expliquer le succès médiatique des solutions libérales. Reste qu'une telle conception des relations entre gouvernants et gouvernés est profondément paternaliste. Elle suppose que les citoyens n'en savent pas assez pour préciser leurs choix, faire valoir leurs droits, désigner leurs représentants et qu'il faut encore qu'on leur fasse la leçon. Dangereuse confusion du Pouvoir et du Savoir[7], qui érige en principe que l'Etat est le lieu de l'Universel, et que les individus sont enfermés dans leurs caprices et leurs singularités. Dans cette perspective, le Peuple souverain se réduit à un agglomérat d'individualités égoïstes et le pouvoir devient le lieu exclusif d'énonciation de l'intérêt général. Il n'y a plus de débat public à propos de l'intérêt général — pas même pour assigner ses limites à la sphère politique —, mais des opinions particulières et des intérêts corporatifs entre lesquels le pouvoir établit un juste équilibre au nom de sa connaissance des réalités économiques, telle que les experts et l'épreuve des faits les révèlent. Les choix politiques se donnent ainsi pour fondés sur une rationalité et une approche économiste de la crise. Comment pense-t-on, dans ce contexte, reconstruire un espace politique, cet espace qu'appellent de leurs vœux les libéraux comme les socialistes irrités d'être taxés de « social-étatistes » ?

7. Judicieusement dénoncée et analysée, à propos des pays totalitaires, par Claude Lefort, in *L'invention démocratique*, Fayard, 1981.

Impuissance de l'économisme

On repère pourtant assez bien les limites de ce type de rationalité lorsqu'on tente de définir ses rapports avec l'opinion publique. Le discours économique ne parvient pas à se refermer sur lui-même et à exclure radicalement les prises de position qui relèvent, selon lui, de l'opinion.

L'idéal politique d'une gestion technocratique du devenir des sociétés reconduit, à un autre niveau, une situation de double discours. Au lieu de juxtaposer une idéologie révolutionnaire et une pratique sagement réformiste, selon une habitude qui date de la SFIO[8], on affiche simultanément la nécessité de prendre en compte les réalités et les concepts économiques et l'impossibilité de remédier par des méthodes et des moyens économiques aux problèmes du temps. L'économie explique tout et n'enseigne rien. Lorsqu'un politicien évoque les deux chocs pétroliers et la hausse du dollar, il se décerne un label de compétence, et rien de plus. Cette référence à des faits économiques récents n'ouvre aucune perspective. La fonction de tels discours est de légitimer le passage d'un « gouvernement de la conviction à un gouvernement de la nécessité »[9]. Par-delà le simulacre obligé d'une guerre idéologique, ce passage fait l'objet d'un consensus assez large au sein de la classe politique. Ainsi se trouvent disqualifiés, à titre d'idéologues de notre temps, les intellectuels traditionnels, ces porte-parole de l'Universel et énonciateurs patentés du devoir-être dont nous avons décrit l'évolution.

Dans le même temps, l'opinion publique est préélectoralement sondée sans être vraiment écoutée, comprise et discutée. Il est entendu, une fois pour toutes, que les citoyens votent de temps en temps. Mais les électeurs ne sont pas des penseurs. Pour la raison scientiste, l'opinion publique connote les controverses de bistrot ou les tirades de préau d'école. Les opinions et les évaluations sont référées aux intérêts et aux désirs, et non prises au

8. Cf. Hughes Portelli, La doctrine du PS depuis 1945, in *Intervention*, août-sept. 1983.
9. Cf. Jean Puy, Quand le pouvoir manque la société, in *Esprit*, déc. 1983.

sérieux pour les élever dialogiquement à la connaissance. La pensée politique moderne et le scientisme techniciste qui s'y rattache font confiance aux méthodes scientifiques d'objectivation des phénomènes et se méfient des évaluations. C'est dans ce contexte qu'on prétend dissoudre le politique dans l'économique et déplacer le terrain du débat en substituant l'examen minutieux des faits à la convocation lyrique des valeurs. Par chance, les jugements de valeur réapparaissent intempestivement au sein même des disciplines qui se proposaient de les congédier.

Sous l'emprise d'une situation de crise, il n'est en effet plus possible de dissimuler toujours les évaluations sous les données de fait. De là cette attitude ambivalente, en forme de double discours, à l'égard d'une science dont on attend tout et qui ne promet plus rien. Au moment où le poids des réalités économiques se fait durement sentir, la science économique devient occasionnellement modeste. Le public commence d'ailleurs à se lasser « des ouvrages où les chiffres et les statistiques légitiment les lieux communs »[10], il a vu à l'œuvre le « meilleur économiste de France » et ne croit plus aux miracles. Mais ce scepticisme à l'égard des approches et des remèdes strictement économiques finit par atteindre les experts eux-mêmes. « La science économique vit au-dessus de ses moyens », révèle Alain Minc, puisqu'elle repose sur « un modèle d'une extrême pauvreté théorique » que des centaines de milliers d'économistes répètent sans innover. Quant à la pratique économique, « dégagée du jargon, des modèles et de son vernis technocratique, elle se réduit à quelques règles sommaires qui n'ont — aveu coupable — guère progressé depuis quarante ans »[11].

Ces critiques de l'économie, lorsqu'elles émanent de spécialistes, ne sont pas dépourvues d'ambiguïté. La prise en compte des limites d'une forme de rationalité s'avère douloureuse et donne lieu à une alternance d'ouvertures audacieuses et de temps de repli. L'attitude à l'égard des opinions et des comportements

10. Cf. Olivier Mongin, Misère de la politique, in *Esprit*, déc. 1984.
11. Cf. Alain Minc, *L'après-crise est commencé*, Gallimard, 1982. A. Minc n'est pas le seul à formuler un tel constat, G. F. Dumont, par exemple, écrit que « la science économique est en panne ». Cf. G. F. Dumont, *Apprendre l'économie*, Paris, Economica, 1982.

prend alors valeur d'indice. Tantôt les insuffisances de la science économique sont reconnues sans fards et rapportées à un univers conceptuel sommaire et incertain, tantôt elles sont référées à l'impossibilité de prévoir le comportement des agents économiques. « A-t-on jamais su comment les individus réagiraient à une diminution de leurs impôts, interroge Alain Minc, en épargnant ou en consommant ? » On retrouverait très vite, dans cette logique, la nécessité de faire la leçon aux consommateurs. Si le but poursuivi est d'augmenter la productivité, si des investissements sont pour cela indispensables, il faudra l'expliquer aux agents économiques et les convaincre d'épargner. La scientificité économique n'est plus alors en cause, mais il appartient aux agents économiques de se hausser à son niveau au lieu de s'abandonner à l'irrationalité de leurs comportements spontanés.

Michel Albert déplore l'absence de « culture économique »[12] de l'opinion : elle ne croit pas les experts sur parole et ne comprend pas leurs raisonnements. En France, il lui a fallu l'expérience d'une politique vigoureuse de relance menée par le premier gouvernement Mauroy pour changer d'attitude. A suivre le constat formulé par Michel Albert, il semble que l'opinion ait, en droit, toujours tort : lorsqu'il lui arrive de ne pas se tromper, les vérités auxquelles elle accède sont attribuées à une intuition aveugle ou à un hasard heureux. D'une façon générale, c'est lorsqu'il entre dans les vues que les gouvernants cherchent à lui imposer que le public est réputé clairvoyant. Qu'il s'en écarte et la nécessité de le soumettre à quelque pédagogie devient l'objectif premier du pouvoir constitutivement peu enclin à s'en laisser conter par ceux qu'il administre. Il n'y a bien qu'à droite qu'on se laisse volontiers aller, ainsi que la vogue néo-conservatrice nous l'a révélé, à prêter au peuple un savoir inconscient et sûr de la chose commune. De toute façon, pour l'homme politique, les vérités des « braves gens » demeurent nécessairement impures, grossières et malaisées à affiner ou à rectifier. L'approche populaire de la crise de l'emploi est là pour en témoigner : puisqu'il n'y a pas de travail pour tous, il faut partager le travail entre tous. Idée

12. Cf. Michel Albert, *op. cit.*

simple, triviale, d'une évidence un peu pesante pour un économiste. Idée qui a cours, pourtant, dans le public. Assurément elle
n'est pas la seule à se partager ses faveurs. Aussi bien ne s'agit-il
pas de prétendre que l'opinion publique est toujours unanime :
ses contradictions sont patentes. Pour peu que l'on ne réduise
pas les opinions aux préférences individuelles ou aux passions
collectives, elles sont pourtant la condition du débat grâce auquel
peut se constituer une unité de volonté. Mais peut-être est-ce
précisément pour en faire l'économie que l'on préfère s'en
remettre au jugement des experts. Les analyses d'Alfred Sauvy,
qui montrent que la réduction de la durée du travail pour tous
et sans réduction des salaires bloquerait la machine économique au
lieu de créer des emplois, deviennent alors une référence obligée,
et peut-être trop commode. Car, après tout, cette solution simpliste,
amendée, complexifiée, est bien celle qui refait surface au terme de
longues études, aussi bien chez Alain Minc que chez Michel Albert.

La démarche propre à l'auteur du *Pari français* est à ce titre
exemplaire. Au début de son ouvrage, l'idée d'une réduction de
la durée du travail s'inscrit dans la cacophonie des remèdes pro-
posés par l'homme de la rue. Il se propose de faire l'inventaire
de ces solutions bâtardes. Fougueux comme Cyrano, il entreprend
alors une brillante tirade des « Il n'y a qu'à » :

Pédant : « Il n'y a qu'à augmenter le taux de croissance économique. »
Militaire : « Il n'y a qu'à obliger les entreprises à embaucher. »
Naïf : « Au lieu de verser des indemnités aux chômeurs qui ne
travaillent pas, il n'y a qu'à donner cet argent aux entreprises pour
qu'elles embauchent. »
Agressif : « Il n'y a qu'à renvoyer chez eux les travailleurs immigrés. »
Pratique : « Il n'y a qu'à réduire la durée du travail. »
Il se les sert lui-même avec assez de verve, mais ne permet pas
qu'un autre les lui serve !

Il faut donc qu'il ait oublié cette tirade ironique pour que,
250 pages plus loin, il puisse reprendre lui-même cette recom-
mandation : « l'instrument le plus important à mettre en œuvre
est la réduction de la durée du travail » ![13]

---

13. Cf. Michel Albert, *op. cit.*, p. 337.

Revue et corrigée, la solution de bon sens réapparaît, désormais formulée en termes recevables par des hommes compétents : le redressement de la croissance ne suffira pas à faire régresser le chômage, et il faut donc envisager une réduction de la durée *moyenne* du travail; mais pour que cette réduction devienne créatrice d'emplois, elle doit s'accompagner d'une baisse du pouvoir d'achat, et ses modalités doivent être aussi diversifiées que possible et tirer parti des gains, discontinus, de productivité.

Ces amendements ne sont pas négligeables, mais la distance qui sépare les intuitions du sens commun des solutions techniques proposées par les économistes est-elle si grande ? L'exemple du partage du travail est significatif de la démarche scientiste qui préside à l'élaboration et à la présentation des réponses économiques aux problèmes contemporains. Alors qu'aucune solution de continuité ne sépare, en fait, les propositions du sens commun et celle des experts — et dire cela ne diminue en rien l'intérêt d'une exploration systématique des conséquences éventuelles de telle ou telle mesure —, on s'acharne à disqualifier l'opinion, ontologiquement erronée, et à creuser le fossé qui la séparerait des vérités scientifiquement établies. Cette « coupure épistémologique » a bon dos. Elle se soutient d'enjeux masqués. Ne parlons pas des habituels enjeux de classe : le patronat a su tirer le meilleur parti du pont-aux-ânes de la flexibilité[14]. Il a suffi que quelques experts soulignent l'intérêt de mesures diversifiées et rappellent que des rigidités administratives y font obstacle pour que l'usage inflationniste de la notion de flexibilité serve de couverture au traditionnel grignotage des acquis sociaux. En outre, un certain élitisme, dont les bases sont considérablement plus larges que celles des organisations patronales, se reconnaît dans le mépris de l'expert pour le sens commun. Contrairement à la représentation d'une opinion qu'on accuse d'être toujours à la traîne des avis autorisés, l'idée d'un partage du travail est plus difficile à admettre pour un économiste que pour quiconque, dans la mesure

14. Jacques Coulaures et Philippe Frémeaux analysent la revendication patronale d'une plus grande flexibilité de l'emploi dans leur article, Modernité ou rentabilité, in *Alternatives économiques*, févr.-mars 1985.

où elle heurte de plein fouet les préjugés et les mythes qui sous-
tendent ou entourent le discours économique courant. Aussi les
remèdes à la crise par un renouveau de la croissance sont-ils
privilégiés.

Investir dans les nouvelles technologies nées de l'informatique
et des télécommunications pour accroître la productivité, abaisser
les coûts de production, proposer des marchandises compétitives,
obtenir enfin un redressement de la croissance, tel est le rêve dont
il est malaisé de se défaire. Le progrès scientifique et technique
demeure l'alpha et l'oméga et s'impose à tous par-delà les préférences et les opinions, à titre de Sens de l'histoire. On peut à
loisir vanter les mérites de la troisième révolution industrielle,
celle des microprocesseurs, évoquer les fantastiques gains de productivité dont l'informatique est la promesse, se réjouir d'une
création illimitée de richesses. A ceci près que cette étonnante
révolution, qui plus que toute autre remplace des hommes par
des machines, n'est pas pourvoyeuse d'emplois à moyen terme,
et ne l'est que très aléatoirement à long terme[15].

Voilà donc un rendez-vous du progrès qu'il ne faut en aucun
cas manquer, sous peine de quitter le peloton de tête des sociétés
industrielles, de voir le taux de chômage croître encore plus rapidement par manque de compétitivité, mais dont le corrélat
incontestable est une véritable « implosion » de l'emploi. On
mesure le choc sur les esprits d'une telle découverte, d'autant
qu'il est vain de convoquer les travaux d'histoire économique et
sociale et de rappeler l'ancestrale et irrationnelle « peur des
machines » : l'horizon ouvert par l'introduction de l'informatique
à tous les niveaux de la production est bel et bien celui d'une
dissociation de la production et du travail, comme si, dans une
certaine mesure, le rêve d'une production totalement automatisée
prenait enfin corps. L'idée, chère à Alfred Sauvy, que le progrès
technique est créateur d'emplois, sinon à court terme, du moins
à long terme, est plus un constat historique qu'une loi scientifique.
Elle risque de conduire à la méconnaissance de l'ampleur des
conséquences de l'informatisation du travail sur le marché de

15. Cf. *Changement technique et politique économique*, Rapport de l'OCDE, 1980.

l'emploi. Elle ne saurait servir à cautionner, quand bien même elle serait en définitive vérifiée, le sacrifice de quelques générations sur l'autel du Progrès.

On a beau faire, on doit donc admettre, avec Michel Albert, que le seul redressement de la croissance ne permettra pas de résoudre le problème de l'emploi; avec Alain Minc, que la révolution informatique n'apportera aucun miracle et alourdira, à son corps défendant, le chômage.

En un sens, la perspective d'une production abondante par un moindre travail n'est pas pour déplaire ! Elle invite cependant à revenir sur quelques habitudes, comme celle de référer la rémunération au travail, et à nuancer l'éloge inconsidéré du productivisme.

La rationalité économique est indissociable de cette vénération de la production laborieuse des richesses. Aussi les économistes doivent-ils se faire violence pour admettre qu'il n'est pas de remède à la crise par le seul retour à la croissance, mais bien par un partage du travail. Admettre qu'il est économiquement nécessaire de travailler moins revient à entamer le prestige du travail, à cesser de définir implicitement l'humanité par le labeur, à remettre en cause l'édifice entier d'une civilisation. Cette relativisation est d'autant plus délicate à penser que les modalités nouvelles de la production requises par la troisième révolution industrielle vont dans le sens d'un labeur intellectuellement exigeant et stimulant et non dans celui d'un droit à la paresse généralisé.

D'où cette peur d'être mal compris de l'opinion, décidément bien fruste, et dont on craint qu'elle n'assimile la réduction du temps de travail à un art d'être payé à ne rien faire. Le risque n'est pourtant pas grand de voir l'opinion verser dans ce type d'errements. La relativisation de la place du travail dans la vie humaine ne s'accompagne qu'exceptionnellement d'un refus de la rationalité technique et de la domination humaine sur la nature. Y a-t-il, même chez les écologistes, des courants de pensée structurés pour revendiquer aujourd'hui le rêve marcusien d'une autre attitude vis-à-vis de la nature ? Rechercher la nature fraternelle au lieu de la nature exploitée, ne plus la traiter comme un « objet dont il est possible de disposer techniquement », mais « aller à sa rencontre comme à celle d'un partenaire »[16], ces idées n'ont plus cours, du moins à titre d'alternative. De fait, elles simplifiaient abusivement un problème, en liant trop étroitement oppression politique et rationalité technique. En refusant la thèse classique d'une innocence du progrès scientifique, en reconnaissant que celui-ci, comme force productive dominante, est partie prenante de la vie économique et sociale, la pensée de Marcuse accréditait trop sommairement la thèse d'une sorte de péché originel du progrès scientifique et technique. A l'heure actuelle, l'opinion publique réagit de façon plus mesurée. En lui prêtant une naïveté indéracinable, on disqualifie abusivement le sens commun. Comme si les citoyens ne pouvaient découvrir que l'introduction de l'informatique dans tous les secteurs de l'activité économique aura des conséquences sur le marché de l'emploi sans rejeter corollairement la troisième révolution industrielle ! L'ajustement et l'articulation des progrès techniques aux autres formes du progrès ne doivent pas rester le domaine réservé de la haute administration et des couches sociales qui se reconnaissent dans ses choix. Il suffit de jeter un regard sur les données statistiques relatives au chômage — qui touche prioritairement les jeunes, les femmes, les immigrés et les ouvriers —, ou de parcourir les offres d'emplois qui intéressent les ingénieurs et les cadres pour comprendre que la méfiance à l'égard du sens commun enracine les positions socialement privilégiées.

Outre le productivisme dogmatique, il est un autre mythe que l'idée d'un partage du travail malmène, celui de l'inégalité comme condition de l'efficacité.

Nous avons déjà rencontré l'idée, âprement défendue aujourd'hui, selon laquelle l'inégalité des revenus constitue un stimulant nécessaire de l'activité économique. Tout récemment encore, l'auteur d'un *Essai sur l'inégalité* jugeait que la disparité des revenus

---

16. C'est en ces termes que Jürgen Habermas, dans *La technique et la science comme idéologie*, expose les positions de Herbert Marcuse.

« favorise la bonne marche de l'économie »[17]. Le thème du partage du travail n'est pourtant pas sans retentir sur cette vieille évidence.

Si la croissance peut s'accommoder d'un maintien, voire d'un étirement de la hiérarchie des salaires, chacun alors se satisfaisant de la progression régulière de son niveau de vie, on imagine mal une réduction du temps de travail, et des revenus, qui ne serait pas équitablement partagée. La nécessité de recourir à un partage du travail favorise un retour des idées égalitaires dans la mesure où l'on hésite à envisager une baisse des rémunérations qui ne s'accompagnerait pas de corrections apportées à l'inégalité des revenus et de la disponibilité. Il y a bien une logique, celle du libéralisme pur, qui accepterait, la jugeant provisoire, une telle situation. Le ralentissement de la croissance détermine en effet, naturellement pourrait-on dire, un partage inégal du travail : certains chôment, d'autres travaillent. Mais précisément les économistes qui redécouvrent les mérites d'un partage du travail n'attendent plus des mécanismes spontanés le rééquilibrage économique, et leur logique est peu ou prou interventionniste. A l'exclusion d'une sorte d'extrémisme théorique qui refuserait d'admettre l'échec du libéralisme *stricto sensu*, en réalité celui d'avant 1929, le fait même d'envisager, à titre de remède à la crise, des mesures dont l'objet est moins de réunir les conditions d'un retour rapide à une croissance forte que de faire face à une stagnation durable de la croissance, entraîne un déplacement des perspectives, comme si la logique du partage du travail atteignait ceux qui la mobilisent.

La croissance appelait des problématiques de la production : les possibilités de profit incitent à investir et à entreprendre. Or il faut d'abord produire pour avoir quelque chose à partager. L'inégalité des rémunérations est le prix du progrès. Elle entraîne l'évolution favorable de l'ensemble d'entre elles. La stimulation inégalitaire était donc censée assurer le bien-être général. Aujourd'hui que l'hymne productiviste ne suffit plus à masquer l'ampleur de la crise, et que l'on en vient à cette idée bien plate de partage du

17. Cf. Jean-Louis Harouel, *Essai sur l'inégalité*, PUF, 1984. Croyant y voir un argument en faveur de l'inégalitarisme, l'auteur reconnaît qu'une « égalisation parfaite » donnerait, « pour toutes les familles françaises, l'actuel niveau de vie de la frange aisée de la classe ouvrière » (p. 99).

travail et des revenus, les logiques de la répartition suscitent un regain d'intérêt. Si une certaine dose d'injustice apparente n'est plus le prix de l'efficacité et du progrès réels, il devient plus malaisé d'en faire l'apologie. Les problématiques de la répartition des biens s'accommodent moins facilement que celles de la production d'une inégalité des revenus, et d'ailleurs la prise de conscience des limites des politiques de croissance et de l'intérêt économique d'un partage du travail s'accompagne d'une réhabilitation nuancée de l'égalisation des revenus. On en vient à relever les effets néfastes sur la productivité de l'écart exceptionnel, en France, entre le coût mensuel des ouvriers et celui des non-ouvriers, pour conclure que « la discrimination dont est victime la classe ouvrière »[18] ne joue pas en notre faveur.

Il n'y a pas lieu de penser que cette réhabilitation de l'égalisation doive s'affranchir de l'examen des limites au-delà desquelles la réduction des inégalités fonctionne contre son propre objectif. Du moins fait-elle apparaître l'inégalitarisme pour ce qu'il est : un élitisme infondé qui se donne l'alibi de l'efficacité.

Si, au contraire, la justice et l'efficacité vont désormais de pair, tous les espoirs ne sont-ils pas permis ? Mais faut-il attendre que les injustices deviennent inefficaces pour les dénoncer ? Toute l'ambiguïté de ce réalisme est là. Que le calcul économique le moins soucieux d'émancipation humaine découvre les vertus de la démocratie d'entreprise, de la formation permanente et du tassement de la hiérarchie des salaires, ne constitue pas un argument en sa défaveur. Mais l'argumentation mise en œuvre, outre sa cohérence propre, participe d'une polémique sous-jacente qui vise la naïveté de la conscience commune et l'aura de l'idée de partage chez les bien-pensants.

Il semble bon de préciser, lorsqu'on envisage un partage du travail et des revenus, que l'on n'est pas un « partageux ». De saint Martin à Babeuf, trop d'images charitables ou révolutionnaires viennent à l'esprit pour ne pas susciter la méfiance. A ceux qui mobilisent des exigences de justice, on reproche de mêler les évaluations hasardeuses à la rationalité scientifique. Au moment

18. Cf. Michel Albert, *op. cit.*, p. 46.

où la rationalité économique est amenée à faire retour sur certains de ses mythes, à s'interroger sur les préjugés et les intuitions sur lesquelles elle s'appuie, ce qui pourrait la conduire à un élargissement de ses bases par le dialogue retrouvé avec l'opinion publique, elle se crispe sur ses prérogatives et préfère le plus souvent réassurer la coupure radicale de l'opinion et de la science en recourant à une rationalité scientifique d'appoint, celle qu'offre une certaine approche sociologique. « Le chômage a cessé d'être un phénomène économique pour devenir de plus en plus sociologique », écrit en ce sens Michel Albert. Une sociologie sauvage, à dire vrai, qui consiste surtout à débusquer les faits sociaux derrière la chose économique. Elle fournit opportunément le principe d'un élargissement des perspectives économiques qui élude la prise en compte du débat démocratique au profit des mutations culturelles involontaires.

Le spontanéisme optimiste est un des pôles privilégiés de l'approche sociologique. Il consiste à penser que l'évolution des mœurs et des comportements, indépendamment des discours et des débats, permettra de prendre la mesure des problèmes soulevés par la crise et de les surmonter sans avoir à les aborder frontalement. Misant sur le dynamisme propre à la société civile qui permettra de réduire la demande en Etat, Michel Albert croit pouvoir affirmer qu'une « nouvelle sensibilité » remédiera ainsi au chômage. « Le travail que la société est capable d'effectuer sur elle-même » débloquera, selon Alain Minc, les situations les plus enchevêtrées.

Qu'est-ce à dire ? Les mutations socioculturelles auxquelles il est fait allusion renvoient essentiellement au nouvel individualisme dont nous avons parlé. Il s'agit de s'appuyer sur cette volonté d'autonomie des « individus sans appartenance » dont l'horizon ne se borne plus, dans certains cas, à la recherche des biens nécessaires à la vie de leur famille.

Intérêt pour le temps libre aux dépens de la recherche d'un surcroît de revenu, travail à temps choisi, piges occasionnelles, autoconsommation sont le plus souvent mis en avant. Cette explosion de nouvelles valeurs, et l'attitude inédite à l'égard du travail qui la traduit peuvent susciter bien des espoirs. Mais l'ambivalence du nouvel individualisme est avérée. Aussi ne peut-il par lui-même, et comme mécaniquement, constituer une issue. Bien souvent, il rejoint l'ancien, celui que nous avons appelé l'individualisme familial, qui consent au chômage pour peu qu'il ne concerne que les « autres », c'est-à-dire les jeunes, les femmes et les immigrés[19].

Là encore, la disqualification de l'échange argumenté des opinions conduit à un refus du politique en tant que tel au profit d'une autorégulation sociale dont le providentialisme est digne de celui du libéralisme.

Cet optimisme sociologique trouve sa complète expression dans les thèses émises contre le social-étatisme et l'Etat-Providence au nom d'un libéralisme d'inspiration tocquevillienne, qui s'avoue en ce sens désireux de libérer la vitalité de la société civile.

Pour l'Etat-Providence

On a beaucoup écrit sur l'Etat-Providence et sur la crise qui l'affecterait. Est-il si mal en point ? Et faut-il lui attribuer l'essentiel des maux qui affectent notre société ? En voulant instruire le procès de l'Etat-Providence, on risque de prendre l'accessoire pour l'essentiel. Il est rare d'en lire une définition élaborée. La plupart des auteurs analysent surtout les difficultés qu'il rencontre. De ces diagnostics, il ressort que par Etat-Providence, il faut entendre des politiques sociales et des mécanismes de redistribution dont le coût s'élève depuis plusieurs années plus rapidement que le produit national.

Une définition plus complète et systématique est proposée par Jacques Donzelot[20]. Par Etat-Providence, il désigne un dispositif de gouvernement dont la visée stratégique, appuyée sur la notion de solidarité, est de conjurer l'opposition entre socialisme et libéralisme. Sa technique d'intervention dérive de l'application de la technique assurantielle aux problèmes sociaux. Enfin ce « dispositif original et cohérent » a partie liée avec une idéologie du

---

19. Et non les « vieux mâles » qui, selon Michel Albert, font la loi.
20. Cf. Jacques Donzelot, *L'invention du social. Essai sur le déclin des passions politiques*, Fayard, 1984. Cf., également, Vers un nouvel esprit public, in *Esprit*, janv. 1985, et, plus récemment, François Ewald, *L'Etat-Providence*, Grasset, 1986.

progrès « entendue comme l'éradication lente mais régulière des sources d'antagonismes au sein de la société ». Cette description restitue son ampleur à un phénomène qui concerne à divers degrés la plupart des démocraties européennes. Certaines vues trop restrictives sont par-là disqualifiées, à commencer par l'assimilation de la crise de l'Etat-Providence à l'échec des formules keynésiennes.

Au cœur de la pensée de Keynes, il y a l'idée que l'emploi est lié à la croissance. L'accroissement de la production, condition du plein-emploi, suppose une augmentation de la demande, donc un déficit budgétaire et une élévation des salaires. Cette doctrine supposait des prix stables et un cadre d'économie fermée, et Keynes n'ignorait pas ce qu'il postulait. Dans le contexte de la crise actuelle, chacun a pu constater que le keynésianisme n'était pas la panacée. Mais les limites de la formule keynésienne ne sont pas celles du principe interventionniste sur laquelle elle repose. Avant Keynes, la théorie économique tenait le chômage pour un phénomène temporaire et s'en remettait aux lois du marché pour rétablir le plein-emploi. La politique de New Deal pratiquée par Franklin D. Roosevelt, en 1933, rompait de fait avec le non-interventionnisme ambiant. Dans le droit-fil de ses travaux antérieurs, Keynes dégageait alors le sens et la portée de cette nouvelle attitude : les lois du marché n'assurent pas forcément le plein-emploi, et il est des moments où l'Etat doit intervenir. En ce sens l'échec actuel des mesures keynésiennes n'est aucunement celui de l'Etat-Providence considéré dans son principe comme dans l'ensemble de ses dimensions, et il est donc abusif de le rejeter en bloc sous un tel prétexte.

Pour reconstituer la genèse historique de l'Etat-Providence, il est d'ailleurs nécessaire de remonter bien au-delà de 1932. Jacques Donzelot souligne le rôle de la Révolution de 1848 dans l'émergence de la question du rôle de l'Etat dans la société. Avant 1848, le rêve d'une harmonie sociale obtenue par la reconnaissance des droits politiques à toutes les catégories de la population était crédible. Des démocrates comme Ledru-Rollin pouvaient tenir la forme républicaine de l'Etat pour la condition nécessaire et presque suffisante de la réalisation de la Fraternité. Lorsqu'en juin 1848 les Républicains s'allient aux Conservateurs pour mettre fin à l'expérience des Ateliers nationaux et réprimer le mouvement populaire, ces illusions disparaissent. On peut bien proclamer le droit au travail — ce contre quoi, on s'en souvient, Tocqueville s'insurgeait —, mais la société se déchire lorsqu'il s'agit de l'appliquer. Forme rudimentaire d'intervention de l'Etat dans la vie économique et sociale, les Ateliers nationaux manifestent simultanément la nécessité d'une extension des prérogatives de l'Etat pour assurer l'existence d'une démocratie effective et la difficulté d'en définir la formule.

La constitution progressive de l'Etat-Providence est celle d'une réponse à la question ainsi posée, et cette mise en perspective historique autorise un bilan plus nuancé de son action. Celui-ci est fonction des critères retenus, et on comprend que les purs libéraux comme les collectivistes soient insatisfaits. Mais comment expliquer les critiques parfois si vives de l'Etat-Providence alors que l'hypothèse d'une socialisation intégrale des moyens de production a fait long feu et que le non-interventionnisme radical est insoutenable ? La question du statut de telles critiques est à poser. L'Etat-Providence est-il en difficulté en ce sens qu'il ne parvient plus à définir les moyens propres à surmonter la crise économique, ou bien celle-ci ne fait-elle que porter au grand jour un malaise social plus ancien ? Autre façon de poser la question : La crise de l'Etat-Providence est-elle « financière ou sociale et économique » ?[21].

L'enjeu de ces questions n'est pas mince. Si l'on accuse en bloc l'Etat-Providence de peser trop lourdement sur la société civile, d'étouffer toutes les initiatives privées, de capter tout débat public au profit d'une gestion technocratique et de déséquilibrer les comptes de la nation, la revendication libérale en faveur d'une désétatisation est pleinement justifiée. On a déjà dit à quoi se ramenaient de telles critiques : à faire de l'Etat-Providence l'antichambre du totalitarisme. L'essor des droits nouveaux (sociaux, économiques, culturels) ne risque-t-il pas de pervertir les principes des droits de l'homme et de miner tout l'édifice démocratique ?

21. C'est à cette question que tente de répondre Pierre Rosanvallon dans son livre *La crise de l'Etat-Providence*, Le Seuil, 1981.

L'Etat-Providence ne présente-t-il pas une face cachée, celle de l'Etat-gendarme ? Claude Lefort[22], en s'appuyant sur ses propres analyses du totalitarisme, a toutes les raisons de faire valoir la méprise sur laquelle repose la thèse d'un recul de l'Etat de Droit au profit de l'Etat d'assistance : le dispositif démocratique, que l'Etat-Providence ne périme pas, empêche que « viennent se souder dans un organe dirigeant l'instance du pouvoir, celle de la loi et celle de la connaissance ». De sorte que le renforcement de la puissance publique n'atteint pas « la nature spécifique d'un pouvoir dont l'exercice reste toujours dans la dépendance de la compétition des partis et du débat qui se nourrit des libertés publiques et qui les entretient ».

En ne prenant pas suffisamment acte de ces distinctions, les courants de pensée qui, à gauche, se sont livrés à la surenchère critique à l'égard de l'Etat-Providence ne parviennent plus à se différencier clairement des démocrates libéraux[23].

Par contre, lorsque la critique de l'Etat-Providence prend la forme d'un examen approfondi de ses modalités d'intervention et de leur orientation, la gauche peut sans équivoque en tenir le pari. Dans cette perspective, la logique propre au service public, trop rarement analysée à gauche, notamment au cours des débats scolaires, mérite d'autant plus d'être défendue qu'elle a joué un rôle primordial pour la légitimation de l'interventionnisme étatique. A l'encontre des réquisitoires contre la notion même de service public, réputée destructrice des libertés publiques, Evelyne Pisier[24] en développe la logique anticollectiviste. Lorsque, au nom de l'intérêt général, les pouvoirs publics érigent une activité en service public, l'initiative privée, insuffisante, n'est pas pour autant interdite, ou du moins ne devrait pas l'être : « Le principe du monopole ne saurait en aucun cas faire figure de loi du service public. » C'est ainsi qu'en organisant « le service public de l'ensei-

22. Cf. Claude Lefort, Les Droits de l'Homme et l'Etat-Providence, in *Esprit*, nov. 1985.
23. Cf. Jean-Michel Besnier, Quand la droite cogite, la gauche rumine, in *Esprit*, déc. 1983.
24. Cf. Evelyne Pisier, Service public et libertés publiques, in *Pouvoirs*, n⁰ 36, 1986. L'article prend le contrepied d'une étude de Pierre Delvolvé parue dans le premier numéro de la *Revue française de Droit administratif* en 1985.

gnement on prétend garantir à chacun son droit, mais on ne voit pas pourquoi cette garantie devrait se traduire par l'obligation imposée à tous de recevoir cet enseignement public ». En ce sens, la notion de service public, qualifiée de procédé « dérogatoire », hors de l'ordre du « droit commun », loin d'être synonyme du socialisme autoritaire, en est au contraire, symboliquement, le cran d'arrêt. Sous cet angle, la notion de service public assoit la thèse d'une irréductibilité de principe de l'Etat-Providence au collectivisme masqué.

Plus généralement, et sans jamais confondre l'exercice de nouveaux *droits* avec la satisfaction des *besoins* de la population, il est difficile de nier le rôle positif joué par l'Etat-Providence dans le contexte d'une crise économique durable. Qu'on imagine seulement le sort des chômeurs et des couches sociales défavorisées en l'absence de la redistribution des revenus et de la protection sociale qu'il met en œuvre ! En outre, il n'est pas difficile de deviner que la vigueur de la critique des illusions entretenues par la providence étatique procède d'une conception politique qui met au centre les ressources de la société civile ainsi que l'idéal de convivialité. De ce point de vue, l'individualisme est jugé désocialisant par principe.

Cette méfiance disposerait au néo-corporatisme ou à l'utopie communautaire si les thèmes en étaient encore porteurs. De sorte que l'actuelle valorisation du secteur associatif a des accents quelque peu désespérés. A son corps défendant, elle ne dessine le lieu de la solidarité effective et de l'autonomie du social qu'au prix d'une adhésion presque sans réserve au libéralisme le moins élaboré. Ni la dynamique du nouvel individualisme, ni l'intrication de l'économique et du politique[25], ni la persistance de l'entreprise comme lieu privilégié d'émergence des conflits sociaux ne sont suffisamment pris en compte. La vision organique du social sous-estime elle aussi les choix politiques délibérés; elle ne cède pas au refus abstrait et catégorique de l'Etat-Providence, mais elle fonde de grands espoirs sur l'autorégénération du tissu social et en appelle à une modification des relations de la Société et de l'Etat.

25. Analysée par Yves Barel, dans *La société du vide*, Le Seuil, 1984.

Là encore, la crainte de l'hégémonisme politique se pervertit en discrétion politique extrême.

On attendrait de critiques mesurées, quoique globales, de l'Etat-Providence, qu'elles s'attachent à la détermination de sa part de bien-fondé. Or, force est de constater que ce sont celles qui paraissent les plus virulentes à son endroit qui offrent, sous le nom d' « effets pervers », les moyens de dégager ce qu'il y a en lui de positif.

La plupart des auteurs parlent d' « effets pervers » à propos des contrecoups imprévus de mécanismes destinés initialement à assurer une plus grande justice sociale et qui alimentent en fait l'inégalité. L'exemple le plus souvent cité est celui du financement de la Sécurité sociale. Alain Minc affirme ainsi que « la consommation médicale reproduit la hiérarchie sociale et celle des revenus, les cadres supérieurs consommant deux à trois fois plus que les ouvriers, alors que proportionnellement ils paient moins ». Conclusion, en forme de généralisation abusive : « L'égalitarisme redistributif conduit spontanément à l'inégalité »[26]. Prise au pied de la lettre, une telle assertion conduirait à l'apologie des vertus indirectement égalisatrices de l'inégalité. Et de fait, revenant sur le principe d'une couverture égalitaire des risques sociaux, l'auteur n'hésite pas à vanter la réalité progressiste de mesures « d'aspect pourtant réactionnaire ». Sans doute fait-il la part trop belle à un schéma de pensée en forme de « ruse de la raison ». Pourtant, ce n'est pas en prenant le contrepied de mesures égalitaires, sous prétexte qu'elles n'atteignent pas toujours leurs objectifs, que l'on risque de faire mieux. A moins d'abuser de paradoxes faciles, il faut bien admettre que les mécanismes redistributifs redistribuent. Certes, les limites internes d'une égalisation des revenus par la fiscalité sont incontournables : au-delà d'un certain seuil, les bénéficiaires de revenus élevés décident de travailler moins, et cessent de contribuer à la croissance de la richesse globale. Indirectement, les plus défavorisés sont alors les premiers touchés[27]. Mais si des effets pervers sont indéniables, il est vain d'espérer extirper le mal

26. Cf. Alain Minc, *op. cit.*, p. 67.
27. Cf. Bernard Manin, Pourquoi la République ?, in *Intervention*, août-déc. 1984.

à la racine et d'atteindre toujours les objectifs poursuivis en évitant tout phénomène parasite. Cela étant, l'attitude recommandée par Albert O. Hirschman, pour modeste qu'elle soit, n'est pas négligeable : « Ce pourrait être là la définition d'une politique de gauche intelligente : maîtriser au mieux les effets en retour des mesures prises tout en maintenant la perspective d'une société plus juste »[28].

La notion d'effets pervers désigne des phénomènes dont on peut chercher à minorer l'importance, mais qui sont inséparables de la rationalité propre à l'Etat-Providence. Les réformes apportées par celui-ci ont profondément remanié la société de marché sans la faire disparaître, comme si l'on avait voulu tenir compte simultanément des interprétations contradictoires du développement capitaliste.

Puisqu'il semble indispensable d'intervenir dans la vie économique pour en assurer le bon fonctionnement et maintenir la cohésion sociale, sa stratégie semble reposer sur le postulat d'une autodestruction de la société de marché. Albert O. Hirschman a montré que la thèse de l'autodestruction, pierre angulaire de la pensée marxiste, apparaît dans des contextes théoriques très divers[29]. Point commun à ces analyses, l'idée que la primauté de l'intérêt personnel, caractéristique de l'économie de marché, rend ardue la tâche d'assurer le fonctionnement des indispensables services collectifs et la coopération nécessaire au fonctionnement du système.

Par ailleurs l'Etat-Providence n'abolit pas les mécanismes économiques sur lesquels il agit pourtant, au moyen, non seulement des nationalisations, mais aussi des prises de participation, des réglementations et des différentes formes de planification incitative. En préservant partiellement la société de marché, il semble enregistrer les vertus d'une thèse opposée, celle, écrit A. O. Hirschman, du « doux commerce », selon laquelle, comme Montesquieu déjà l'assurait : « C'est presque une règle générale, que partout où il y a des mœurs douces, il y a du commerce, et que partout où il y a du

28. Albert O. Hirschman, entretien avec D. Eribon, *Le Nouvel Observateur*, 8 juin 1984.
29. Cf. Albert O. Hirschman, *L'économie comme science morale et politique*, Gallimard, Le Seuil, 1984.

commerce, il y a des mœurs douces »[30]. Thèse bien connue, celle aussi d'Adam Smith et de ceux qui envisagent, comme on l'a vu, les effets collectivement bénéfiques d'une conduite individuelle inspirée par l'intérêt personnel, et qui jugent plus sage de s'en remettre à l'égoïsme qu'à l'amour pour fonder une société bien organisée.

On peut, sans éclectisme, penser une réalité contradictoire. Idéalement, l'Etat-Providence implique une volonté de rationaliser sans dogmatisme la vie économique et sociale. Sans renoncer à infléchir le cours des événements en fonction des exigences et des normes rationnelles, il voudrait reconnaître à la société civile l'autonomie relative en dehors de laquelle la vie sociale, dépourvue de jeu, ne se prêterait plus à la dynamique des initiatives des individus et des groupes. C'est la gageure d'un Etat-Providence ainsi conçu de prétendre rationaliser sans mettre à la raison, d'instruire sans imposer, et de laisser aux citoyens la disposition de leur avenir, dans une histoire par bonheur non dépourvue d'aléas.

Seule une société totalitaire peut prétendre déterminer l'avenir de ses membres, qui se confond avec celui de la machine sociale dont ils sont devenus les rouages. Une société démocratique est condamnée, *par chance*, aux effets pervers. Il s'y produit en effet, outre les résultats attendus, des événements imprévus. Des conséquences incalculables y sanctionnent l'irréductibilité des choix politiques aux prédictions scientifiques.

Aussi, Charles Fourier peignait-il une société démocratique, lorsque, sous couvert de répertorier les divers éléments de la société harmonieuse, il se lançait dans des calculs délibérément inextricables, avant de marquer l'impossibilité de prévoir d'emblée toutes les modalités de la vie future en confiant à des « conciles » à venir le soin d'en décider[31].

La rationalité intrinsèque de l'Etat-Providence n'exclut pas des divergences d'interprétation politiquement significatives, que le discrédit jeté sur l'échange public des opinions au profit de la compétence des experts a pour effet de masquer. Par bien des

30. Montesquieu, *L'Esprit des lois*, liv. 20, chap. 1.
31. Cf. Jean-Paul Thomas, *Libération instinctuelle, libération politique. Contribution fouriériste à Marcuse*, Le Sycomore, 1980.

côtés, l'Etat-Providence réalise l'option social-démocrate. Les efforts pour dissimuler les choix politiques en invoquant les circonstances et les contraintes économiques sont directement liés aux réticences que suscite la perspective d'un engagement délibéré dans l'espace social-démocrate.

Pour certains, l'Etat-Providence n'est qu'un pis-aller, une formation de compromis qui préserve la cohésion sociale. L'objectif essentiel reste de relancer la croissance et l'investissement dans la grande industrie sans soulever une hostilité politique trop forte des classes moyennes et des petites entreprises. Pour d'autres, il est un levier, le moyen d'une politique social-démocrate avouée. Le chômage n'est pas selon eux un fléau, mais une injustice, et l'égalité n'est pas « l'accessibilité de tous à l'inégalité »[32].

Ces distinctions ne sont pas de degré mais de principe. Elles supposent l'élaboration d'une définition de la justice distributive pour laquelle l'œuvre de John Rawls apporte une base de discussion aujourd'hui fort utile[33].

On a pu reprocher aux thèses de Rawls de s'inscrire dans le contexte culturel du « libertarisme » américain dont Robert Nozick est une figure exemplaire et de congédier le débat politique au nom de règles de justice établies une fois pour toutes, mais sa tentative pour rechercher les principes de justice distributive équitables et légitimes retient pourtant l'attention de quiconque refuse d'enterrer les problèmes axiologiques sous un épais manteau de considérations administratives.

Rawls édifie sa construction logique à partir d'une situation initiale fictive, celle d'une réunion de personnes décidées à jouer ensemble à un jeu de hasard dont elles doivent fixer les règles sans pénaliser aucun des joueurs. La recherche des règles du jeu — des règles de justice — s'effectue dans une situation d'incertitude : cha-

---

32. Albert Thierry, *L'homme en proie aux enfants*, Cahiers de la Quinzaine, XI, 3, 7 nov. 1909.

33. John Rawls, *A Theory of Justice*, Oxford, OUP, 1972. Pour un exposé critique des thèses de Rawls, cf. Les régimes politiques contemporains, chap. II : « La démocratie », par G. Lavau et O. Duhamel, in *Traité de science politique*, sous la direction de M. Grawitz et Jean Leca, PUF, 1985. Les principes philosophiques de l'œuvre de Rawls sont dégagés dans les *Fondements d'une théorie de la Justice. Essais critiques sur la philosophie politique de John Rawls*, publiés sous la direction de Jean Ladrière et Philippe Van Parijs, Ed. de l'Institut supérieur de Philosophie, Louvain-la-Neuve, 1984.

cun des futurs joueurs ignore la « donne », donc les avantages
que l'adoption de tel ou tel principe lui donnerait dans les parties à
jouer. Ainsi l' « envie » est-elle neutralisée. Dans ces conditions
l'accord se fera, selon Rawls, sur deux principes de justice :

« — Toute personne a un droit égal à l'ensemble le plus étendu
de libertés fondamentales égales qui soit compatible avec un
ensemble semblable de libertés pour tous.

« — Les inégalités sociales et économiques doivent satisfaire
deux conditions : elles doivent être a) au plus grand bénéfice des
membres les moins avantagés de la société; et b) attachées à des
fonctions et positions ouvertes à tous dans des conditions d'égalité
équitable des chances. »

Ces principes sont parfaitement distincts de l'économisme
ambiant. Les thèses de Rawls ne se réduisent pas à la reconnaissance déguisée des effets stimulants de l'inégalité des revenus, clé
supposée de la croissance. Elles ne sanctionnent pas l'abandon de la
justice sociale au nom de l'efficacité économique. Mais elles
rendent insupportable la juxtaposition des vœux pieux égalitaires
et du réalisme économique qui en dénonce l'utopisme. Elles font
valoir qu'un ordre juste n'admet que les inégalités fondées sur
l'utilité commune. Le propos, ainsi considéré, n'est pas totalement
nouveau. Il rejoint, comme l'indique Bernard Manin, la Déclaration de 1789, qui précisait : « Les hommes naissent libres et
égaux en droit. Les distinctions sociales ne peuvent être fondées
que sur l'utilité commune. »

Dans le cadre d'une critique, sans a priori, de l'Etat-Providence,
les positions de Rawls signifient que la découverte des effets pervers de l'égalisation ne discrédite pas l'égalité comme valeur, mais
contribue à son approfondissement, puisque c'est au nom même
des valeurs égalitaires et de l'engagement en faveur des plus
démunis que la limite interne du processus d'égalisation doit être
appréciée. En d'autres termes, c'est dans l'exacte mesure où le
processus d'égalisation ne remplit plus son rôle à l'égard des moins
favorisés qu'on est conduit à l'amender.

A ce titre l'exigence égalitaire ne mérite pas d'être rejetée comme
désuète. Elle est au contraire centrale, et mérite d'être discutée,
non évacuée. La massivité de certains arguments obscurcit cet

examen nécessaire. C'est ainsi qu'il n'est guère convaincant d'évoquer à tout propos la perspective d'un pouvoir totalitaire. Contrairement à ce qu'affirme J.-L. Harouel, un égalitarisme réfléchi ne suppose pas des « contrôles policiers permanents ainsi qu'une perte totale des libertés »[34]. Il s'inscrit au contraire dans le mouvement séculaire de tassement de la hiérarchie des salaires qui s'accomplit sous l'égide de l'Etat-Providence et sous l'effet des mouvements revendicatifs. L'histoire de l'Etat-Providence suggère suffisamment que l'égalité et la liberté ne sont pas nécessairement incompatibles. Au surplus, s'il est vrai que le processus d'égalisation s'est parfois payé d'un dessaisissement des citoyens au nom de la technicité des problèmes, il est aujourd'hui vecteur de vie démocratique. L'exigence égalitaire se nourrit d'une levée progressive de l'opacité sociale, laquelle encourage, en retour, au débat public. Il se confirme que des inégalités considérables se sont développées au sein de catégories sociales supposées homogènes. Le retentissement s'en fait sentir au cœur des centrales syndicales, affaiblies par la crise et divisées sur l'attitude à adopter. Les éléments non monétaires du niveau de vie[35], dont les moindres ne sont pas les formes plus ou moins démocratiques de l'organisation du travail, font l'objet d'analyses plus serrées et éloignées des clichés ordinaires.

L'urgence à faire valoir l'exigence égalitaire est à la mesure des risques de « stratification dualiste » — selon l'expression d'André Gorz —, qui pèsent aujourd'hui lourdement. Le pluralisme harmonieux suppose des normes claires, discutées et acceptées; il n'a rien à voir avec la juxtaposition de communautés ou de classes dressées les unes contre les autres. La situation actuelle des immigrés et des chômeurs est l'effet de surface d'un processus de dislocation plus profond qu'il est temps d'interrompre. Une marginalité de masse se développe tandis qu'une élite de plus en plus restreinte occupe les emplois stables, qualifiés et payés.

A défaut de le rappeler, la leçon d'instruction civique dégénère en pâle leçon de choses.

A cet égard, Bernard Manin a raison de remarquer qu'il « ne

34. Cf. Jean-Louis Harouel, *op. cit.*
35. Cf. François de Closets, *Toujours plus*, Grasset, 1982.

suffit pas de dire que la société libre est celle où les conflits se déroulent librement et où l'unité sociale est perpétuellement en question. L'Allemagne de Weimar ou le Liban d'aujourd'hui, ajoute-t-il, ne sont pas des modèles de sociétés libres »[36].

Si, sous couvert d'économisme, des positions politiquement conservatrices sont soutenues par une gauche qui se croit devenue réaliste, il faut moins y voir le résultat d'un examen scrupuleux des effets pervers de l'égalisation que celui de la prégnance d'un modèle tocquevillien porté aux nues.

Que l'égalité soit liberticide est moins prouvé par l'histoire qu'adopté comme principe par un anti-étatisme qui transforme en dogme ce qui n'était chez Tocqueville qu'une invitation à la vigilance.

Sur la base de quels malentendus, ou en vertu de quelle stratégie idéologique, Tocqueville permet-il de cautionner un idéal anti-égalitaire ?

---

36. Bernard Manin, Pourquoi la République, in *Intervention*, n° 10, août-déc. 1984.

CHAPITRE VII

Vouloir la société

« Il y a des époques où l'on redoute tout ce qui ressemble à de l'énergie : c'est quand la tyrannie veut s'établir, et que la servitude croit encore en profiter. Alors on vante la douceur, la souplesse, les talents occultes, les qualités privées, mais ce sont des époques d'affaiblissement moral. »

B. CONSTANT.

L'argument tocquevillien

La dénonciation de l'excessive centralisation des pouvoirs, leitmotiv un peu lassant mais toujours efficace, révèle en Tocqueville le père de la philosophie politique contemporaine. Qu'on le sache ou non, qu'on l'exprime ou pas, c'est à sa clairvoyance qu'on rend hommage lorsqu'on condamne une fiscalité exorbitante qui, sous prétexte d'égaliser les conditions, pénalise les uns et les autres; et c'est finalement dans l'ouverture frayée par *De la Démocratie en Amérique* que l'on s'engage quand on fait valoir les effets appauvrissants de l'égalité. Tocqueville est présent, pour ainsi dire, derrière chacune des tentatives pour échapper aux pièges tendus par la prise en charge étatique de la passion égalitaire[1].

Est-ce à dire que les tenants de l'Etat minimal sont les plus fidèles interprètes de Tocqueville ? Sauf à faire de ce démocrate pondéré un libertarien masqué, relevons d'abord que la méfiance à l'égard de l'Etat-Despote ne mène jamais l'aristocrate de cœur au refus de l'Etat; et quelles que soient les restrictions que l'on impose aux prérogatives du pouvoir central, le libéralisme tocquevillien ne saurait cautionner les positions hayeckiennes, lesquelles on le sait, découragent la prétention des hommes à agir sur leur

---

1. Cf. J.-M. Besnier, *Lecture de Tocqueville : De la Démocratie en Amérique*, Paris, Belin, 1985.

destinée. Il y a en effet une politique et un volontarisme tocque-
villiens, même si, dès les premières pages de *De la Démocratie*, semble
se dessiner une conception déterministe de l'histoire fondée sur
l'impérieux sentiment de fatalité qu'inspire à son auteur « le développement graduel de l'égalité des conditions » et « l'irrésistible
progrès vers le nivellement universel ».

Cela serait pourtant trop simple : Tocqueville n'a pas écrit
De la Démocratie pour édifier ses contemporains, ni pour les soumettre à un providentialisme qui s'offre aujourd'hui encore comme
l'alibi de la passivité. Les déclarations fatalistes n'excluent pas
qu'il y ait un aspect militant dans sa pensée. Le providentialisme
heuristique, requis pour rendre l'histoire intelligible, sauvegarde
sur le plan existentiel les droits imprescriptibles de la liberté.
Comme l'indiquent les dernières lignes de *De la Démocratie* : « La
Providence n'a créé le genre humain ni entièrement indépendant
ni tout à fait esclave. Elle trace, il est vrai, autour de chaque
homme, un cercle fatal dont il ne peut sortir; mais, dans ces
vastes limites, l'homme est puissant et libre; ainsi des peuples.
Les nations de nos jours ne sauraient faire que dans leur sein
les conditions ne soient pas égales; mais il dépend d'elles que
l'égalité les conduise à la servitude ou à la liberté, aux lumières
ou à la barbarie, à la prospérité ou aux misères. »

Si l'avènement du régime démocratique est fatal, la servitude
n'est pas inévitable. La problématique tocquevillienne engage un
projet d'action politique. Raymond Aron en désigne l'enjeu en
formulant ainsi la question centrale posée par Tocqueville : « A
quelles conditions une société, où le sort des individus tend à
devenir uniforme, peut-elle ne pas sombrer dans le despotisme
et sauvegarder sa liberté ? »[2]. Loin de prôner l'inégalitarisme ou
le refus du politique, Tocqueville s'attache donc à concilier l'égalité et la liberté. Il se propose d'établir les conditions de possibilité d'une politique dont l'objet est l'établissement sans heurts
du régime démocratique. Reste que le refus de jouer inconsidérément l'égalité contre la liberté favorise surtout la méfiance à
l'égard de l'idéal égalitaire.

2. Raymond Aron, *Les étapes de la pensée sociologique*, Gallimard, coll. « Tel », p. 227.

Telle est du moins la conclusion que l'on peut tirer au vu des positions soutenues par les hommes politiques et les théoriciens contemporains qui s'inspirent de sa pensée. S'il n'est guère surprenant de voir Yves Cannac, ancien conseiller de Valéry Giscard d'Estaing, retenir surtout de Tocqueville de quoi fonder son refus de l'Etat hégémonique et étayer son projet de « démocratie civile »[3], on pouvait attendre des représentants de la seconde gauche des approches différentes. Or il n'en est rien : l'anti-étatisme l'emporte sur l'idéal égalitaire, et ce n'est qu'au prix de sérieuses amputations théoriques que l'exigence d'égalité peut s'afficher.

Se référant explicitement à *De la Démocratie en Amérique*, Patrick Viveret et Pierre Rosanvallon énoncent leur intention de « renouveler la culture politique démocratique »[4]. Le thème, emblématique depuis 1789, de l'égalité, sans être à proprement parler rejeté, est nettement secondarisé. La valeur démocratique fondamentale devient l'autonomie, censée dénouer l'opposition crispée de l'égalité et de la liberté. Au profit, semble-t-il, de la liberté, tant cet amendement de l'exigence égalitaire est proche de la substitution d'une valeur vénérée à une valeur suspectée.

Mais ce n'est assurément pas la première fois que le concept d'égalité est ainsi révisé. Jacques Donzelot[5] a reconstitué l'histoire de l'invention de la solidarité et montré comment la doctrine solidariste était venue fournir à la question sociale une réponse pacifique, bien éloignée des menaces qu'un idéal égalitaire peut faire peser sur une organisation économique fondée sur la propriété privée et la compétition entre les individus. La vogue de la notion de solidarité, ces dernières années, ne renvoyait pas, sinon très indirectement, aux études de Léon Bourgeois ou de Charles Gide, mais ce flottement théorique ne témoignait pas en faveur de l'ancrage à gauche d'un thème en définitive assez galvaudé. Bien avant les théoriciens du solidarisme, la notion de

3. Yves Cannac, *Le juste Pouvoir. Essai sur les deux chemins de la démocratie*, Lattès, 1983.
4. Pierre Rosanvallon et Patrick Viveret, *Pour une nouvelle culture politique*, Le Seuil, 1977.
5. Jacques Donzelot, *L'invention du social. Essai sur le déclin des passions politiques*, Fayard, 1984.

solidarité avait fait l'objet d'une approche philosophique dans l'ouvrage fondamental de Pierre Leroux, *De l'Humanité*[6]. Il y avait là l'énoncé de principes propices à une future élaboration théorique. Au lieu de cela, la notion servit de slogan, sans que la référence floue au mouvement syndical polonais suffise à lui donner un sens bien déterminé. Outre l'esprit de résistance au pouvoir totalitaire, courageux en Pologne, moins compromettant en France, quelle est donc la charge de sens d'une telle notion ?

Aux réminiscences durkheimiennes de la solidarité de fait des individus au sein de sociétés où règne une division du travail poussée — et on sait qu'une telle organisation n'exclut pas la hiérarchisation dans la complémentarité —, le thème associe l'éloge de l'effort en commun et de l'entraide. Il justifie tout autant une mise en œuvre publique de pratiques charitables qu'une lutte contre les injustices. Sur quoi se fonde la solidarité ? A quelles dispositions engage-t-elle ? Ces questions ne reçurent pas de réponses limpides, et la notion servit plus à rassurer qu'à justifier des mesures audacieuses. Elle devint l'idéologie d'un emprunt, et par là bien inoffensive. Solliciter la bonne volonté de tous ne saurait en effet se confondre avec un appel déguisé à la lutte des uns contre les privilèges des autres. Surtout lorsqu'on attend seulement des plus favorisés qu'ils acceptent — tout en demeurant ce qu'ils sont — les conséquences de mesures destinées à rendre la vie moins difficile aux plus démunis.

Dans sa naïveté menaçante, l'idée de faire *payer les riches* présentait certes un aspect plaisamment suranné, que les dédommagements largement servis aux actionnaires d'entreprises nationalisées ont encore accentué, mais l'unanimisme pieux et conservateur dans lequel l'idéologie de la solidarité a versé ne manque pas non plus de sel. Aujourd'hui comme hier les révisions du concept d'égalité ressemblent fort à son élimination au profit d'autres exigences, dont la compatibilité avec l'anti-étatisme est jugée plus aisée à assurer. Lorsque des intellectuels se situant à gauche, comme Alain Bergounioux et Gérard Grunberg, écrivent :

6. Pierre Leroux, *De l'Humanité*, édition conçue par Miguel Abensour et Patrice Vermeren, Fayard, 1985.

« La solidarité et l'autonomie, voilà nos deux valeurs clefs »[7], ils se vouent à un effort d'élucidation de leurs principes et de leurs propositions sans précédent, sous peine de laisser assimiler leurs positions à celles de Yves Cannac, c'est-à-dire à l'apologie de la démocratie civile, au nom de la responsabilité et de l'autonomie.

Ces convergences ne sont pas le fruit du hasard. Elles expriment la prégnance d'un modèle tocquevillien dont le regain d'actualité s'explique par la nécessité de penser aujourd'hui la démocratie contre le totalitarisme.

On ne dira même pas que cet usage de l'argument tocquevillien est abusif, car de fait l'auteur de *De la Démocratie* se prononce en faveur d'un régime pondéré susceptible d'endiguer la passion égalisatrice. Il incline à limiter les prérogatives étatiques, sans les récuser dogmatiquement, et dissuade d'attendre d'un pouvoir central l'action transformatrice de la société. De sorte que l'approche libérale de l'Etat-Providence, sans esprit de revanche, est parfaitement conforme à la lettre tocquevillienne.

Mais cette fidélité trouve vite ses limites, dans le fait qu'elle invite davantage à la vigilance qu'à la prospective, et qu'elle en appelle à un modèle théorique élaboré il y a cent cinquante ans, donc contemporain de mutations historiques et de données sociologiques largement révolues.

Il ne suffit pas d'évoquer les mouvements totalitaires du XXe siècle et de célébrer rétrospectivement les intuitions prémonitoires de Tocqueville pour établir lumineusement l'actualité de sa pensée. Il y a loin, d'ailleurs, comme le suggère Marcel Gauchet[8], de l'Etat-Despote tel qu'il s'en figurait le péril aux mécanismes impitoyables du stalinisme et du nazisme. Tocqueville n'appréhendait pas la subversion, mais l'inexorable immobilisation dans la stérile agitation. Parce qu'il jugeait que la démocratie réconcilie la société avec elle-même, il était à cent lieues de penser l'espace démocratique comme déchiré par un conflit irréductible que le totalitarisme entend précisément abolir. Mais surtout l'his-

7. Alain Bergounioux et Gérard Grunberg, Perspectives pour une gauche libérale, in *Intervention*, n⁰ 11, 1985.
8. Marcel Gauchet, Tocqueville, l'Amérique et nous, in *Libre*, n⁰ 7, Payot, 1980.

toire des démocraties occidentales, qui ne se réduit pas aux déchaî-
nements des mouvements totalitaires, a largement déplacé les données du problème de la conciliation de l'égalité et de la liberté.

Depuis la mort, en 1859, de l'auteur de *De la Démocratie*, les
événements et l'évolution en profondeur des sociétés ont retenti
sur une culture et une tradition de gauche qui pour n'être plus
décisivement marxiste ne saurait sans fléchissement considérable
se dire seulement tocquevillienne.

C'est ainsi que la gauche anti-étatiste ne peut sans dommages
renoncer à l'idéal républicain tel qu'il accompagne la victoire du
régime dans les années 1870-1880. Comme le rappelle Maurice
Agulhon[9], l'idée républicaine à gauche comporte l'attachement
global à la Révolution française : 1789 est, sinon le Bien, du
moins le point de départ d'un Mieux. Elle comprend aussi l'adhésion aux procédures démocratiques, au régime parlementaire et
aux libertés. D'où une culture antibonapartiste dont il faut rappeler qu'elle est le garant du libéralisme politique de la gauche.
La République va encore de pair, à gauche, avec l'attachement
à la laïcité de l'Etat. Et si celui-ci a longtemps été indissociable
d'un anticléricalisme vigoureux aujourd'hui dépassé, il est indéniable que la religion catholique a fourni tout au long du xixe siècle
ses références doctrinales à la Contre-Révolution. Enfin l'idée
républicaine associe, pour les hommes de gauche, l'idée juridique
et philosophique de République et l'aspiration sociale à améliorer
le sort du peuple. Susceptible de bien des degrés, celle-ci est
toujours suffisamment vive pour distinguer l'héritage républicain
tel que la gauche le reçoit et le revendique de la conception plus
étroite soutenue à droite, où l'on se tient pour républicain dès
lors « qu'on accepte le régime et qu'on ne cherche pas à le remplacer par un roi ou par un dictateur ».

Tels sont les caractères de l'idée républicaine. Ils suffisent à
faire-valoir, contre l'anti-étatisme simplet, la figure de l'Etat émancipateur, qu'une gauche trop prompte à se ranger sous la bannière
libérale élimine à tort de sa mémoire historique.

---

9. Maurice Agulhon, Républicains et républicains, un débat séculaire, in *Intervention*, nº 10, août-déc. 1984. Nous suivons ici son analyse.

En 1848, Tocqueville accepte la République; il sera même pendant cinq mois le ministre des Affaires étrangères du président Louis-Napoléon, avant d'être emprisonné à Vincennes, dans la nuit du 2 au 3 décembre 1851, pour s'être opposé au coup d'Etat. Il n'en demeure pas moins que l'adhésion à la République de cet aristocrate qui déclarait mépriser et craindre la foule[10] n'est pas du même ordre que le lyrisme républicain qui anima la gauche aux moments forts de son histoire.

Quant à cette forme discutable mais réelle de conciliation de la liberté et de l'égalité que nous appelons « Etat-Providence », non seulement Tocqueville ne pouvait pas la connaître, mais il reste en quelque sorte sur le seuil de cette figure historique dont il refuse d'emblée la logique, telle qu'elle s'esquisse en 1848, dans le contexte de la naissance de la question sociale et de la revendication nouvelle d'un droit au travail.

Le 12 septembre 1848, le député de Valognes qu'est alors Tocqueville proclame son refus de voir la démocratie s'orienter vers le socialisme. Le discours qu'il prononce mérite de figurer dans les annales des actuels contempteurs de l'Etat-Providence : s'y trouve en effet développée avec brio la logique libérale à laquelle ont recours aujourd'hui ceux qui prétendent faire pièce aux ambitions sociales de l'Etat et brider sa pulsion égalitaire. Il fustige la confusion entre la démocratie et le socialisme, lequel commence à ses yeux dès que l'Etat se mêle de faire le bonheur des gens.

L'expérience des Ateliers nationaux est abandonnée depuis juin 1848. Le débat de septembre portait uniquement sur la question de savoir si le droit au travail devait figurer dans le préambule de la Constitution. Il concernait donc le principe, et non les modalités, d'une éventuelle intervention de l'Etat. En simplifiant à l'extrême, tout en respectant la logique profonde de sa démarche, on pourrait donc affirmer que Tocqueville ne dispose pas à une critique positive de l'Etat-Providence, mais à son rejet *a priori*.

Une pensée de gauche ne saurait de nos jours se montrer aussi

---

10. « J'ai pour les institutions démocratiques un goût de tête, mais je suis aristocrate par instinct, c'est-à-dire que je méprise et crains la foule. » Publié pour la première fois par A. Rédier, *Comme disait M. de Tocqueville*, Paris, Perrin, 1925.

sévère à l'égard de l'interventionnisme sans sacrifier du même coup un idéal égalitaire dont on a trop vite annoncé le discrédit. Quitte à invoquer Tocqueville, dont les préoccupations demeurent sans conteste actuelles, qu'on le fasse en accord avec le contexte socio-historique nouveau, et avec l'avènement de cette providence étatique dont il n'est plus temps de nier la réalité.

Conduit sans *a priori*, l'examen de l'Etat-Providence ne joue pas en faveur de la thèse d'une fatale dégénérescence totalitaire de l'interventionnisme étatique. En le laissant croire, on facilite l'abandon de l'idéal égalitaire au lieu d'inviter à la poursuite du travail théorique destiné à fixer les principes de légitimité et d'efficacité des politiques de justice sociale.

Or il est temps de résister aux séductions du libéralisme et à l'abandon du politique qu'il promet. La volonté de société n'est pas un vœu pieux. L'action des hommes dans l'histoire et sur leur histoire n'est pas vaine. L'épaisseur du social, c'est-à-dire en somme l'ensemble des liens familiaux, économiques, culturels, dont chaque génération recueille l'héritage, définit le cadre et les conditions de l'action politique. Elle ne disqualifie pas, comme l'économisme et le libéralisme le prétendent, la volonté de modifier progressivement l'organisation sociale au nom d'un idéal et de projets délibérés. La cohésion sociale se constate et s'expérimente avant de se vouloir, mais le retour agissant sur l'héritage historique n'est pas d'avance condamné à l'infléchissement d'un cours naturel tenu pour providentiellement satisfaisant. Il peut — et sans doute le doit-il aujourd'hui — prétendre aller au-delà. La question est de savoir si les données historiques et sociologiques contemporaines n'exigent pas, plus que jamais, un débat démocratique permettant de réaliser une unité de volonté.

Car les mœurs n'y suffisent plus, et sans doute est-ce là la limite la plus évidente du recours à l'inspiration tocquevillienne. Si le nivellement des fortunes annonce le désintérêt pour la chose commune, c'est qu'il rend, dans cette perspective, de plus en plus superflue la défense sur la scène publique d'intérêts et de points de vue que l'histoire tend à rendre homogènes. Supposons pourtant que l'individualisme ne conduise pas à cette indifférenciation, qu'il ne fasse pas « la litière où le bétail heureux des hommes est couché »[11], mais qu'au contraire il s'annonce comme le foyer de possibilités nouvelles, propres à réanimer la vie démocratique; supposons qu'il puise en lui-même les forces émancipatrices que Tocqueville localisait dans les associations et les organisations volontaires, c'est alors qu'un pluralisme conforme à la diversification des mœurs et des croyances répondrait à l'exigence démocratique.

Le temps n'est plus, en effet, où une communauté des mœurs se présentait comme le fond uniformisant à partir duquel se déployaient les choix politiques. Qu'en est-il de la communauté des croyances dans une société où plusieurs millions de musulmans gouvernent leur existence selon des principes éloignés de la tradition judéo-chrétienne[12] ? L'homogénéité des mœurs n'est-elle pas en train de céder la place à un pluralisme qui relativise non sans déchirements les normes ancestrales ? Et la diversité des modes d'insertion professionnelle et des relations au travail ne vient-elle pas briser l'unité de nos modes de vie ?

Les principes démocratiques ont fait leur chemin : il n'est pas de domaine de la vie humaine qui ne soit soumis à examen et à débat. Rien ne va plus de soi. L'époque — philosophique en ce sens — désacralise tout, interroge tout, et banalise même ces remises en question en réduisant les opinions à des préférences qui ne se discutent pas. Cette dernière option est sujette à caution. Une société qui ne repose plus sur des mœurs communes est en effet dans l'obligation, en fait et en droit, de définir les règles sous lesquelles elle veut vivre. La volonté de société est d'autant plus nécessaire que fait défaut le sentiment d'appartenir à une même communauté, sentiment qui s'appuie sur la conformité des mœurs et des croyances.

A moins de s'en remettre à l'hégémonisme spontané d'une des communautés religieuses ou d'une des classes que la société recèle; à moins d'imposer autoritairement et régressivement à tous le culte de la vie de famille et la valorisation de l'épanouis-

---

11. Stéphane Mallarmé, L'Azur, *Poésies*, Gallimard, 1945, p. 38.
12. Cf. B. Stasi, *L'immigration : une chance pour la France*, Robert Laffont, 1984, p. 139.

sement obtenu par l'ascension d'une hiérarchie professionnelle, les chemins de l'unité passent prioritairement par le débat public et la constitution délibérative d'une volonté commune. On voit alors le sens et l'intérêt d'un nouvel individualisme, pour peu que ce courant complexe et ambigu, mais riche de virtualités, ne se laisse pas réduire à la banalité de l'égoïsme marchand. Si un projet politique en ordonne les mérites à un plus vaste dessein, ce sentiment de dignité personnelle et ce goût de la liberté peuvent briser le repli corporatiste des groupes les plus fermement structurés.

Il va de soi qu'une telle recherche impose de retrouver la question trop dévaluée aujourd'hui des fins communes qu'une société doit s'assigner.

Idéal et sens commun

C'est la fin qui donne un sens et une unité aux choses, une « destination » à l'homme et à la société. On nous dit pourtant que le temps n'est plus où les hommes pouvaient s'assigner un avenir commun et assurer ainsi une cohérence à leur communauté. Les sages d'aujourd'hui enseignent à résister au vertige du projet collectif et à se réconcilier avec soi-même dans la conviction que chacun est un centre de gravité, un foyer d'initiatives, radicalement ignorant de ce qui peut résulter pour les autres de son action individuelle. Plus de fin en soi mais des constellations de buts qui s'attirent, se repoussent, se tiennent à distance avant de s'élancer à nouveau dans la compromission universelle. L'absurde n'est plus pathétique puisqu'il ne concerne jamais que l'autre dont on ne sait trop à quoi tend la gesticulation. Privées de signification dans leur ensemble, les choses n'en existent pas moins pour celui qui les évalue à l'aune de ses besoins propres. Ainsi la société doit-elle s'accommoder d'un déni généralisé de communauté.

Historiens et sociologues tirent la leçon de l'histoire : l'homme fut communautaire et religieux; puis social et politique; il s'est enfin affirmé individu, créateur de modèles culturels. Inutile, donc, d'en appeler pour lui à des valeurs qui ont fait leur temps. La société,

l'Etat et le système représentatif ? De simples vestiges d'une époque
qui misait sur les symboles d'une volonté commune pour se donner
du sens. Vestiges dont ne sauraient plus s'encombrer les chevaliers
de la modernité, bien décidés à entrer coûte que coûte dans le scientifique et dans l'éthique, comme l'annonce Alain Touraine : « Ce
qui semble le plus opposé au changement aujourd'hui, ce n'est pas
la tradition, les croyances et les privilèges, comme au temps où les
Lumières de la raison devaient détruire un ancien régime, mais tout
ce qui renforce la société et l'Etat et leur subordonne l'individu,
ses performances et ses projets. » L'archaïque s'est donc déplacé et
l'ignorer condamne à se fourvoyer dans les causes perdues. L'école
républicaine fait par exemple l'objet d'une défense surannée aux
yeux du sociologue des temps nouveaux : « Quand l'école ose encore
nous dire que son but est de former des citoyens, nous la fuyons
car c'est le contraire que nous attendons d'elle, qu'elle soit atten-
tive à l'individu, à la formation de la personnalité, à la diversité des
modes d'apprentissage et des projets de vie »[13]. L'individu naît
donc sur la dépouille du sujet universel et la vertu socialisante
prêtée à l'institution scolaire n'est plus, dans ce contexte, un gage
de satisfaction. Les rites sociaux, les commémorations, les fêtes, tout
ce qui entretenait la communauté dans « un certain sacré civique »
devient parasitaire, au point que Paul Ricœur semble bien désuet
de demander : « Comment vitaliser, dynamiser l'adhésion à des
idéaux communs sans un minimum de religion séculière ? »[14]. Dans
une « société ouverte », il n'y a pas d'idéal commun; Hayek et ses
épigones ont fondé leur dogme sur cet axiome.

Affirmation péremptoire qu'atténue cependant le sentiment que
ses auteurs sont victimes d'une confusion. En prétendant que
les sociétés modernes ont abandonné l'illusion d'être destinées
à réaliser une fin unique, les détracteurs du « constructivisme »
selon lesquels il n'est de projet qu'individuel s'engagent dans un
double malentendu : d'une part, ils font comme si la satisfaction des
intérêts égoïstes devait nécessairement exclure la définition d'un
espace public — ce que Hanna Arendt nommerait ici un « sens

13. A. Touraine, Fin de partie, *Intervention*, n° 13, 1985, p. 19.
14. P. Ricœur, Ethique et politique, *Esprit*, 1985/5, p. 11.

commun »[15] —; de sorte que chacun cherchant son profit serait *a priori* invité à éliminer tout engagement à portée collective. D'autre part et simultanément, ces mêmes contempteurs de la volonté politique établissent la vanité de la poursuite d'une fin en soi telle qu'elle pourrait unir, dans un mouvement d'ensemble, les membres du corps social et, pour ce faire, ils invoquent la nocivité qui est résultée d'une semblable poursuite dans les sociétés « tribales » ainsi que dans les régimes totalitaires. De sorte qu'à leurs yeux, toute société aspirant à la perfection ferait inévitablement son malheur. Dans le premier cas, la question éthique concernant les fins de l'homme est ramenée à celle de l'intérêt bien entendu : réduction typique du positivisme dénoncé par Léo Strauss, comme on a eu l'occasion de le rappeler. Dans le second cas, l'idéal est identifié au réel ou, ainsi que l'exprime Kant, la « finalité absolue » qui donne un sens moral à l'existence est assimilée aux « fins relatives » que poursuivent de simples êtres de besoin, rivés à une nature sans raison[16] : attitude caractéristique de l'historicisme, selon l'auteur de *Droit naturel et histoire* (Plon, 1974). Ce dernier malentendu illustre, d'une façon générale, l'inconséquence que traduit la condamnation hâtive des utopies auxquelles on reproche tantôt de vouloir réaliser l'irréalisable tantôt d'interdire de penser efficacement la transformation du monde, comme si la fin dernière n'avait de sens qu'à s'incarner dans l'expérience. A mieux y regarder, on n'a jamais de bonne raison de renoncer à l'idéal : qu'on l'abandonne avec condescendance à l'adolescent rêveur ou qu'on s'en écarte comme d'une périlleuse tentation, on prouve qu'on le prend pour ce qu'il n'est pas, à savoir : le terme illusoire d'une quête hasardeuse.

Si l'idéal n'était que cette fuite en avant, le réalisme serait évidemment fondé et le cynisme paraîtrait même la vertu majeure du politique. Mais tel n'est pas le cas et Raymond Aron le rappelle opportunément dans une page de ses *Mémoires*[17] : l'humanité, écrit-il en substance, ne peut pas ne pas s'interroger sur la fin de l'histoire. Non pas la fin cosmologique ou biologique mais « la

15. V. par exemple H. Arendt, Compréhension et politique, *Esprit*, numéro spécial réédité en juin 1985.
16. Cf. Kant, *Critique de la faculté de juger*, § 87, Ed. Vrin, p. 256.
17. Cf. R. Aron, *Mémoires*, Julliard, 1983, t. 1, p. 176.

fin que Kant ou Hegel avaient conçue : un état de l'humanité qui répondrait à sa destination et qui réaliserait pour ainsi dire la vérité dont les hommes sont en quête ». De cette fin — plus techniquement nommée « Idée de la Raison » —, Aron avoue qu'il a conservé la nostalgie et il suggère par là qu'elle est ce par quoi l'observateur de la chose politique demeure un intellectuel engagé. Renoncer à l'idéal, c'est à tous égards s'interdire l'idée d'une constitution politique parfaite telle que *La République* de Platon en donne, selon Kant, une représentation; c'est aussi se fermer au projet d'une société cosmopolite où régnerait une paix perpétuelle — paix à propos de laquelle le philosophe critique précise que « nous devons agir comme si la chose qui peut-être ne sera pas devait être »[18]. A ceux qui disqualifient aujourd'hui toute recherche d'un Bien commun, il est opportun de rappeler que l'idéal n'est pas « une chimère mais la norme éternelle de toute constitution politique en général »[19] et que, kantien ou non, on est fondé à reconnaître en ce sens qu'« un prince ne gouverne jamais bien s'il ne participe aux Idées ».

Cela précisé, la généalogie du refus contemporain de l'idéal invite à remonter à la perversion inaugurale qui est résultée essentiellement du marxisme et qui a porté à confondre un but particulier, la société sans classes, avec la fin de l'histoire — « confusion qui nourrit le fanatisme puisqu'elle transfigure les combats entre les classes et les partis en la lutte, moins éternelle que finale, du bien et du mal »[20]. Ainsi se justifie que l'idéal de la Raison, réduit à la dimension d'un fait pour l'avènement duquel les hommes sont contraints d'agir dans l'histoire, fasse l'objet d'une désertion et même parfois, en ce siècle finissant, d'une abomination. Dénonçant cette perversion, Aron assume clairement le point de vue philosophique qui impose de penser la politique en continuité avec l'éthique et il engage la réflexion dans le champ d'une métaphysique de la condition humaine autrement moins accommodante que celle des apôtres de la main invisible : si l'idéal de la Raison pouvait pleinement se réaliser, comme le croient les penseurs de l'eschatologie,

18. Kant, *Doctrine du droit*, Vrin, 1971, p. 237.
19. Kant, Le conflit des facultés, in *La philosophie de l'histoire*, Gonthier, 1964, p. 176.
20. R. Aron, *op. cit.*

l'être humain borné deviendrait alors un ange; mais si, au contraire, les hommes cessaient d'agir en vue de son triomphe, comme y incitent les repentis d'une histoire apocalyptique, le consentement à la finitude exposerait alors à une indifférence tout animale, voire à la bêtise. L'humanité assumée jusqu'au bout concerne « l'être qui crée les dieux, l'être fini, insatisfait de sa finitude, incapable de vivre sans une fin ou un espoir absolus »[21]. Tâche impossible, se dit-on, que celle de gouverner les hommes et qui exige, justement pour cela, une incessante attention au possible. Pas de démocratie sans la recherche, forcément asymptomatique, du Bien commun, de cette convergence des intérêts que les utopies entreprennent depuis toujours de représenter. Pas de démocratie, en définitive, sans le souci de maintenir ouvert l'espace d'une délibération animée du désir de formuler les conditions idéales d'une société sans conflits. C'est en quoi il n'est de politique qu'habitée par la volonté d'avenir, ce qu'on nomme aussi un imaginaire.

En rejetant la finalité commune comme archaïque et pernicieuse, les partisans d'un libéralisme extrême consentent au discrédit du politique, coupable, selon eux, de ménager le cadre social requis pour la détermination d'un idéal et ce au profit de l'économique et du modèle d'une société multipolarisée par la poursuite des intérêts privés. Même affiné par des siècles de civilisation, le sujet de l'histoire qu'ils inclinent à privilégier demeure un simple être de besoin, sans autre avantage sur l'animal que celui de bénéficier d'une société autorégulatrice. Accaparement du politique par l'économique, résorption de la sphère où la parole est reine par celle où le travail impose le silence : le thème n'est pas nouveau mais rend justement compte du brouillage survenu dans la traditionnelle question des fins de l'homme et de la société. Derrière la confusion entre, d'un côté, la fin absolue, cet idéal de la raison régulateur pour l'action politique, et, de l'autre, les fins relatives justiciables de démarches technico-économiques, c'est à l'affrontement de deux conceptions de la rationalité que l'on assiste : d'une part, celle que Habermas met sous le signe de l'action réciproque et qui vise l'émancipation et la communication sans entraves; d'autre part, celle qu'il décrit

---

21. R. Aron, *Introduction à la philosophie de l'histoire*, Gallimard, 1938, p. 313.

comme soumise aux impératifs du travail et qui se propose l'extension du pouvoir de disposer techniquement des choses[22]. Affrontement dont l'issue se dessine déjà puisque les valeurs servant la communication entre les hommes sont en passe de céder le terrain à celles qui consacrent les mérites de la technique. La raison économique, nous l'avons souligné, capte plus que jamais l'énergie des gouvernants en quête de légitimité; c'est dans la mesure où ils la satisfont qu'ils pensent asseoir leur autorité et non plus en endossant quelque « image du monde » susceptible de conférer son identité au groupe social[23]. C'est pourquoi la volonté de société, pour être ranimée, implique une attitude apparemment intempestive et l'investissement sur le modèle de rationalité aujourd'hui déprécié, à savoir : celui qui autorise l'élaboration commune, grâce à la discussion, des normes qui régissent la sphère publique. Mais, loin d'être réactif, cet engagement à contre-courant pourrait bien avoir l'avenir pour lui : l'indication en serait offerte sur un terrain quelque peu inattendu. Qu'on songe, en effet, qu'une éthique communicationnelle du type de celle que prône Habermas fait déjà école parmi les critiques de la « démocratie hégémonique » qui, comme Yves Cannac, militent en faveur de « la nouvelle entreprise » et des « cercles de qualité ». Comme si la rationalité interactionnelle ne pouvait plus pénétrer la société globale mais uniquement les « communautés contractuelles » que sont les entreprises quand elles sont convaincues de la nécessité de conjuguer l'efficacité économique avec la démocratie interne aux fins de résister aux interventions de l'Etat[24]. En supposant pourtant que ce qui s'expérimente à ce niveau impose un jour ses exigences et ses résultats à l'organisation générale de la société, la rationalité qui s'y déploie sera alors reconnue comme l'indispensable levier d'une démocratie continuellement à inventer.

Est-ce à dire que demeure encore possible le choix entre, d'une part, une société qui, arguant des impératifs du temps au premier

---

22. Cf. J. Habermas, *La technique et la science comme idéologie*, Denoël-Gonthier, p. 24, 67-68.
23. V. sur ce point J. Habermas, *Raison et légitimité*, Payot, 1978.
24. V. par exemple Y. Cannac, La nouvelle entreprise, in *L'Express* du 26 octobre au 1er novembre 1984.

rang desquels l'intégration forcée de la France dans le marché mondial, prêche la modernisation quand ce n'est pas un impitoyable réalisme et, d'autre part, une société où s'épanouit l'intersubjectivité sous les formes les plus variées : concertation, autogestion, délibération ou toute autre structure favorable à une « démocratie de proximité » ? Formulée dans ces termes, l'alternative dicte cette non-réponse : l'avenir d'une société ne se décide pas simplement par décret, même s'il requiert un engagement dans le présent susceptible de conférer un sens moral à l'histoire elle-même. Aussi demeure-t-il souhaitable d'exhorter la volonté des citoyens à ne pas se détourner de la poursuite du bien commun et à résister à l'éloge de la solitude où les nouveaux moralistes veulent situer le bonheur. Car, n'est-il pas prévisible que plus la société consentira au primat de l'économie, plus ses membres atomisés se prêteront aux contraintes de tous ordres et plus s'affirmera ainsi la tendance à localiser la liberté exclusivement dans la sphère privée ? Benjamin Constant avait d'ailleurs formulé ce pronostic pour les modernes : faute de pouvoir être libre dans la communauté, c'est forcément envers et contre elle qu'on s'efforcera de l'être. « Presque toutes les jouissances des modernes sont dans leur existence privée : l'immense majorité, toujours exclue du pouvoir, n'attache nécessairement qu'un intérêt très passager à son existence publique »[25].

Corrélativement, le retour du religieux marqué en cette fin de siècle, plutôt que de signifier un regain unificateur, paraît confirmer la dispersion du social qui accompagne « la liberté des modernes »[26]. A tous égards, la représentation d'une société qui s'éprouverait comme le résultat de la volonté concertée de ses membres a perdu son pouvoir mobilisateur et la religion n'en compense pas le déficit. C'est avec une certaine jubilation que l'époque accueille l'ère de la société fondée non plus sur la cellule familiale ni même sur les associations volontaires — ces foyers de contre-pouvoirs sur lesquels misait Tocqueville mais dont certains politologues ont démontré après lui qu'ils banalisent la démocratie au point de la

25. B. Constant, De l'Esprit de conquête, in Œuvres, Pléiade, 1957, p. 1013.
26. Cf. sur ce point Jean-Louis Schlegel, ancien directeur de la revue Projet, Retour du religieux et christianisme, Etudes, janvier 1985.

stériliser[27] — mais sur l'individu jaloux de ses frontières. Triomphe de l'individualisme qui, s'il échoue à s'investir dans l'espace commun, donnera décidément des points à Schopenhauer, selon qui la sociabilité est la marque d'une faiblesse, et le requerra de plus en plus d'offrir une opportune sagesse à ceux qui, sans faire de nécessité vertu, décident que toute agitation est vaine et douloureuse dans le monde des humains. Quand s'éteint la volonté de société, la coexistence des hommes demeure sans doute, mais comme une contrainte que le moindre chaos transforme en torture. Le philosophe de la volonté malheureuse l'exprime dans une parabole qui, mieux que de longues descriptions, brosse le tableau de la société à laquelle les temps modernes paraissent se résigner : « Par une froide journée d'hiver, un troupeau de porcs-épics s'était mis en groupe serré pour se garantir mutuellement contre la gelée par leur propre chaleur. Mais tout aussitôt ils ressentirent les atteintes de leurs piquants, ce qui les fit s'éloigner les uns des autres. Quand le besoin de se chauffer les eut rapprochés de nouveau, le même inconvénient se renouvela, de façon qu'ils étaient ballottés de çà et de là entre les deux souffrances, jusqu'à ce qu'ils eussent fini par trouver une distance moyenne qui leur rendit la situation supportable. Ainsi, le besoin de société, né du vide et de la monotonie de leur propre intérieur, pousse les hommes les uns vers les autres ; mais leur nombreuses qualités repoussantes et leurs insupportables défauts les dispersent de nouveau... »[28]. Rude apologue, en vérité.

Des voix s'élèvent pourtant afin de redonner vie et corps à une société d'hommes libres. Loin d'être nostalgiques d'on ne sait quel régime où les citoyens étaient spontanément poussés à faire cause commune, ces voix ne manquent pas d'affronter dans l'exigence individualiste le fait majeur de notre temps. C'est même souvent par ce biais qu'elles proclament le mobile de leur entreprise : Comment réconcilier l'individu avec la chose publique ? Comment susciter un nouvel individualisme désireux de briser l'isolement sans pour autant se renier ?

27. V. par exemple Thomas Molnar, *L'animal politique*, La Table ronde, 1974, p. 198-199.
28. Schopenhauer, *Parerga und Paralipomena*, t. 2, chap. 31, § 400, trad. J. A. Cantacuzène, in *Aphorismes sur la sagesse dans la vie*, *op. cit.*, p. 105, n. 1.

Inventer des formes inédites de rapports politiques devient, dans cette visée, le mot d'ordre prioritaire. C'est en faisant porter son effort prospectif sur la modification des procédures de participation des citoyens à la gestion gouvernementale que le penseur de la démocratie, non résigné à l'atomisation des citoyens, sollicite en lui le militant d'hier. Ainsi, « pourquoi ne pas prévoir, au cours même d'un mandat présidentiel ou d'une législative, des consultations intermédiaires régulières destinées à vérifier le consensus entre les électeurs et les élus à propos des éléments nouveaux qui se seraient produits entre-temps »[29] ? La proposition paraîtra timorée au regard du désir de changer la politique qui insuffla son énergie au socialisme désormais singulièrement assagi — quoique, par ailleurs, elle puisse passer pour hardie en ce qu'elle suppose que ce désir ancien demeure assez vivace pour engager les citoyens à livrer leur sentiment sur l'administration de la vie publique. En vérité, l'idée que la régénération du corps social appelle l'installation de dispositifs de démocratie directe, si elle n'est pas neuve, tient opportunément compte de l'évolution des mœurs et de celle du contexte historique[30]. L'individualisme aidant, le système représentatif ne convainc plus guère et le principe de la délégation du pouvoir sécrète au mieux de l'indifférence. L'avenir de la démocratie paraît donc suspendu aux possibilités qui s'offrent d'aller « chercher chaque homme en particulier au milieu de la foule » (Tocqueville). Comme, par ailleurs, les théoriciens d'une démocratie à réinventer ne discutent pas le fait, rigoureusement analysé par Habermas, que les cadres institutionnels de la société sont désormais économiques avant d'être politiques, ils ne se font pas d'illusion sur l'étendue des questions accessibles aujourd'hui à la discussion publique. D'où l'impression que la démocratie directe qu'ils veulent revivifier servira sans doute l'individu souverain mais au prix d'une certaine dé-substantialisation puisqu'elle ne saurait en fait avoir de supports que secondaires, de motifs qu'anodins. Impression qui se renforce

---

29. J. Julliard, Epinay-sur-Seine et retour ou la fin d'un cycle, *Intervention*, n° 13, p. 11, v. aussi *La faute à Rousseau, op. cit.*, p. 188 sq.
30. J. Julliard qui ne croit guère qu'en la démocratie semi-directe se fait l'écho de cette évolution lorsqu'il écrit que « le vingt et unième siècle sera le siècle des opinions publiques, comme le dix-neuvième fut celui des Parlements et le vingtième celui des masses », *La faute à Rousseau*, p. 220.

lorsqu'on s'avise d'évoquer l'ouverture sur les citoyens qu'est censé opérer la télématique.

La démocratie par minitel a en effet supplanté dans les esprits — pour le meilleur et sans le pire, espère-t-on — le redoutable télécran imaginé par Orwell. Examinant les conditions de possibilité d'une démocratie de participation dans les sociétés modernes, C. B. Macpherson n'hésite pas à prendre au sérieux l'apport que les technologies nouvelles peuvent constituer pour l'essor d'un régime dont Rousseau fixait les limites à la portée de voix : « Techniquement, il est tout à fait possible d'installer dans chaque salon ou même au chevet de chaque lit un ordinateur comportant une série de boutons marqués *oui* ou *non, d'accord* ou *pas d'accord, ne sais pas, approuve fortement, approuve moyennement, sans opinion, désapprouve légèrement, désapprouve fortement,* ou offrant des choix multiples pour indiquer les préférences de chacun »[31]. Seulement, outre les risques de démagogie que présente un dispositif au mécanisme si trivial[32], il n'est pas difficile d'apercevoir que la consultation électronique des citoyens, loin de favoriser l'émancipation des rapports intersubjectifs, entretiendrait au contraire la dépendance à l'égard de l'organisme étatique chargé de programmer les questions. Par suite, la démocratie directe envisagée grâce aux progrès de la télématique renforcerait la structure pyramidale qui caractérise l'autorité politique non partagée.

Invoquant le pluralisme dont jouissent les sociétés de liberté, Raymond Aron notait que « le droit de tous de participer au dialogue politique sur le destin commun découle de l'abandon des vérités absolues »[33]. Evidence qu'il n'est pas vain de répéter ici : c'est l'incertitude collectivement éprouvée qui fonde l'exigence de la discussion publique; la démocratie est, de ce point de vue, la politique requise par la finitude humaine quand celle-ci ne porte pas à désespérer du bien commun et à se démettre sur quelque pouvoir transcendant du souci de soi. Cela rappelé, l'accent mis par les

---

31. C. B. Macpherson, *Principes et limites de la démocratie libérale*, La Découverte-Boréal Express, 1985, p. 124.
32. Cf. A. Minc, « La démocratie ne fonctionne pas comme un ordinateur : elle se dégrade dès que lui sont posées des questions auxquelles elle ne peut répondre que par oui ou par non », *Le syndrome finlandais, op. cit.*, p. 110.
33. R. Aron, *Mémoires, op. cit.*, t. 2, p. 1031.

défenseurs de la démocratie sur les procédures de consultation directe est révélateur du sens de la liberté auquel ils demeurent attachés. Au lieu d'être une matière première comme une autre, la communication reste pour eux l'objet d'un incessant combat, la valeur directrice de leur engagement militant. Même s'ils semblent parfois confondre « l'éthique communicationnelle » avec l'octroi de simples dispositions plébiscitaires ou avec le consentement du pouvoir central à délivrer davantage d'informations aux administrés, ils rejouent l'essentiel de ce qui fait la démocratie en misant sur la concertation des citoyens et la reconstitution de l'espace public.

Nul ne doute que la pratique des sondages instantanés, le recours à la procédure référendaire ou tout autre mode de participation formelle ne constituent une image très approximative et un affadissement certain des usages en vigueur dans l'espace circulaire et centré de l'*agora* grecque où la parole n'obéissait qu'à elle-même. De tels instruments de consultation populaire n'en commémorent pas moins, à leur façon, les origines de la démocratie, au risque d'exhiber leur imperfection et insuffisance par contraste avec une défense et illustration de la parole résumant l'idéal vers lequel tendre : pas de démocratie véritable sans l'encouragement des citoyens à une communication ouverte sur l'imprévu et l'inédit. Lorsque Tocqueville prêtait aux associations volontaires la vertu d'éduquer à la vie publique ou lorsque, plus tard, l'autogestion fut présentée par ses avocats comme une pédagogie de l'émancipation, il allait de soi que le sort d'un régime de liberté tenait à l'observation du débat sans contraintes — ce débat dont l'exigence n'est pas moins criante aujourd'hui. Le démocrate se reconnaît avant tout à sa conception de la délibération. C'est en quoi le témoignage d'un « publiciste » comme Benjamin Constant n'est ni paradoxal ni insignifiant : en saluant la sagesse constitutionnelle qui proscrit les discours écrits dans les assemblées, le penseur libéral fait en effet montre d'un sens aigu de la délibération[34]. Les citoyens s'assemblent dans l'espoir de s'entendre et

---

34. V. l'Acte additionnel aux Constitutions de l'Empire du 22 avril 1815 — acte à la rédaction duquel Constant contribua —, titre premier, article 26. Cf. *Les Constitutions de la France depuis 1789*, Garnier-Flammarion, 1970, p. 234.

comment le pourraient-ils s'ils ne parlaient librement ? « Ce n'est que lorsque les orateurs sont obligés de parler d'abondance qu'une véritable discussion s'engage. Chacun, frappé des raisonnements qu'il vient d'entendre, est conduit naturellement à les examiner. Ces raisonnements font impression sur son esprit, même à son insu. Il ne peut les bannir de sa mémoire : les idées qu'il a rencontrées s'amalgament avec celles qu'il apporte, les modifient, et lui suggèrent des réponses qui présentent les questions sous leurs divers points de vue. Quand les orateurs se bornent à lire ce qu'ils ont écrit dans le silence de leur cabinet, ils ne discutent plus, ils amplifient : ils n'écoutent point, car ce qu'ils entendraient ne doit rien changer à ce qu'ils vont dire; ils attendent que celui qu'ils doivent remplacer ait fini; ils n'examinent pas l'opinion qu'il défend, ils comptent le temps qu'il emploie, et qui leur paraît un retard »[35].

Rien de surprenant si, pour réveiller l'énergie démocratique, la parole retrouve ses droits ou plutôt exige d'être reconnue en elle-même et pour ceux qu'elle rassemble comme la source de tout droit. Pas de parole sans liberté, pas de liberté qui ne se confie à la parole : tel est l'ancestral commandement de la démocratie. Car, d'où le lien social tiendrait-il sa réalité sinon de la parole échangée ? Parole ouverte, audacieuse, éventuellement ressassante; parole qui s'arrache au travail pour déclarer la prise de distance par rapport aux choses qu'on manipule en silence; parole grâce à laquelle « l'homme se libère du temps, domine pendant un instant la présence et l'épaisseur de sa pauvre petite mort »[36]. La volonté de société n'offre pas de meilleur signe d'elle-même que cette parole libre et plurielle qui s'expérimente dans la découverte de l'autre et la violence conjurée. Tant qu'il subsistera des oreilles pour accueillir l'éloge de la parole instigatrice du sens commun et tant qu'il se trouvera des bouches pour tenter le hasard des mots qui font société, le politique ne cédera pas à l'économique, ni la liberté à la nécessité.

Le réexamen actuel des conditions d'une saine délibération n'est

35. B. Constant, *Principes de politique* (1815), *op. cit.*, p. 1121. Dans le même ordre de considération, Habermas déplore dans *L'Espace public* la disparition de la libre discussion dont le résultat est de transformer le Parlement en « une chambre où se rencontrent les mandataires des partis, liés aux consignes reçues, à seule fin de faire enregistrer des décisions déjà prises » (p. 213-214).

36. G. Steiner, *Après Babel*, Albin Michel, 1978, p. 157.

pas anodin mais il prouve justement qu'on associe le problème posé par l'essoufflement de l'idéal démocratique au statut accordé à la parole publique dans notre société. S'il faut donc imaginer de nouvelles procédures de démocratie directe, autant ne pas s'exposer à plaider pour les formes leurrantes de participation et pour les dispositifs d'assentiment unilatéraux qui ont cours aujourd'hui. Prise au sérieux, la délibération met en scène des individus — et non des mandataires — qui abordent la décision politique en ne sachant que partiellement ce qu'ils veulent[37]. S'ils délibèrent, ce n'est pas parce qu'ils sont habités par une volonté arrêtée que pourraient précisément enregistrer sondages ou *referenda*, mais parce qu'ils sont déterminés à se découvrir une volonté commune sur une question donnée. C'est pourquoi la délibération représente avec raison la pierre de touche de la volonté de société, le processus même qui réconcilie l'individu avec l'idéal démocratique. Reste donc la tâche — peut-être interminable — d'accréditer une parole plurielle, à la fois confiante et réfractaire, faute de quoi le souci du débat ainsi que la volonté individuelle de se frotter à l'autre en vue de l'entente manqueront décidément.

Que l'individu revigoré réclame un espace où sa parole s'exerce à l'improvisation et que cet espace ébauche, non pas mécaniquement mais par la transaction, la convergence des libertés : c'est à ce prix que la démocratie déjoue l'indolence de ce que le siècle dernier nommait déjà « la majorité silencieuse »[38].

37. Cf. Bernard Manin, Volonté générale ou délibération ? Esquisse d'une théorie de la délibération politique, in *Le Débat*, janvier 1985, n° 33.

38. V. B. Constant qui conserve toutefois l'espoir que des « hommes de talent » continueront de représenter dans les assemblées cette « majorité silencieuse », *Principes politiques*, p. 1122.

Index

Imprimé en France
Imprimerie des Presses Universitaires de France
73, avenue Ronsard, 41100 Vendôme
Février 1987 — N° 32 541

Recherches politiques

OUVRAGES PARUS

Hervé Brusini et Francis James	**Voir la vérité. Le journalisme de télévision.**
Hélène Vérin	**Entrepreneurs / Entreprise. Histoire d'une idée.**
Georges Sorel	**La décomposition du marxisme.**
Jadwiga Staniszkis	**Pologne : la révolution autolimitée.**
Janine Mossuz-Lavau et Mariette Sineau	**Enquête sur les femmes et la politique en France.**
Fernando Claudín	**L'opposition dans les pays du « socialisme réel ».**
Evelyne Pisier-Kouchner	**Les interprétations du stalinisme** (collectif).
Luc Ferry	**Philosophie politique 1** — Le Droit : la nouvelle querelle des Anciens et des Modernes *(2e éd. corrigée).*
Luc Ferry	**Philosophie politique 2** — Le système des philosophies de l'Histoire *(2e éd. corrigée).*
André Enegrén	**La pensée politique de Hannah Arendt.**
Xavier Browaeys et Paul Chatelain	**Les France du travail.**
Luc Ferry et Alain Renaut	**Philosophie politique 3** — Des droits de l'homme à l'idée républicaine.
Laurent Cohen-Tanugi	**Le droit sans l'Etat.** Sur la démocratie en France et en Amérique *(3e éd. revue).*
Max Weber	**Sociologie du droit.**
Elisabeth Dupoirier et Gérard Grunberg	**Mars 1986 : la drôle de défaite de la gauche** (collectif).
Jean-Michel Besnier et Jean-Paul Thomas	**Chronique des idées d'aujourd'hui.** Eloge de la volonté.

A PARAITRE

Theodore J. Lowi	**La Deuxième République des Etats-Unis.** La fin du libéralisme.
Michèle Ruffat	**Le contre-pouvoir consommateur aux Etats-Unis.**
Philippe Raynaud	**Max Weber et les dilemmes de la raison moderne.**